Basic
Monetary Economics
SECOND EDITION

ベーシック
金融論

山中 尚 [著]
Yamanaka Takashi

第2版

同文舘出版

第 2 版　はじめに

　本書は，筆者が勤務する大学で行ってきた講義ノートをもとに書かれた金融論の入門書であり，このたび，新版を上梓することができた。

　第 2 版では，現在の日本の金融システムを理解するうえで必要となる議論の正確さをはかるため幾許かの修正を施し，かつ，データを更新した。金融論のテキストとして長く読んでもらえるように，諸章の構成ならびに各章で扱うテーマの根幹部分に大きな変更は施さなかった。日本銀行の金融政策や金融規制など，変化の激しい領域については，新たに加筆を行った。

　金融論という学問領域は，金融システムがどのように動作するのかを深く理解するための学問であり，そこで学び取った金融の知識や思考方法は，実社会での実務においても有益なものである。本書を通読することによって，現実の複雑な金融の諸問題に直面するときに求められる思考能力を体得できれば幸いである。現代の金融論は，分析手法が高度な数学を駆使したものに日々，進化している。しかしながら，第 2 版においても，ロジックを提示するモデルは極めて初等的なものであり，具体的にモデルを特定化してこれを解き，結論を導出するというプロセスを取ることは極力避けて，変数間の関係を明示的にすることに重点を置いた。

　第 2 版をまとめるにあたって，同文舘出版の市川良之氏には大変お世話になった。ここに記して御礼申し上げる次第である。

2017 年 11 月　生田キャンパスにて

山中　尚

はじめに

　本書は，筆者が勤務する大学で行ってきた講義ノートをもとに書かれた金融論の入門書である。現代の金融論は，その分析手法が日々高度な数学を駆使したものに進化している。本書を執筆するにあたっては，モデル分析を駆使して理論体系を解説することはなるべく控え，わが国の金融制度を念頭に置きながら，経済学的インプリケーションのポイントを押さえて分かりやすい解説をするように心掛けた。

　本書の構成は，次のようである。

　第1章では，貨幣とは何かという定義を与え，貨幣がどのような経済機能を果たしているかを考察していく。金本位制度と管理通貨制度の仕組みや，デビットカード，電子マネーについても概観する。

　第2章では，決済システムについて取り上げ，われわれの日常の資金決済がどのように行われているのかを考察する。わが国の決済システムの制度を解説し，さらに決済システムに内在する決済リスクとシステミックリスクについて考察する。

　第3章では，金融取引という経済活動を広く解釈し，金融の機能を，資金の貸借ならびに金融資産・負債の流動化・証券化，と定義して議論を展開することで，金融仲介機関の経済機能と資金循環の仕組みを理解する。また，金融市場の効率性概念や債券格付け，ならびに，銀行の情報生産（審査）機能を解説する。

　第4章では，わが国金融制度の特徴と変化について概説するとともに，わが国が経験してきた金融自由化・国際化の過程を概観する。さらに，企業行動理論の応用として銀行行動を理論的に定式化した上で，実際の銀行行動を解説する。不完全情報下での銀行行動に関わる議論を紹介し，さらに，市場型間接金

融と証券化について取りまとめる。

　第5章では短期金融市場を取り上げる。インターバンク市場とオープン市場からなる短期金融市場は，金融機関の短期資金取引が行われるとともに，日本銀行の金融調節がなされる重要な市場である。

　第6章では，外国為替相場と外国為替市場について解説する。為替レート決定理論として，部分均衡分析で為替レート決定の基礎を学んだ後，購買力平価（PPP）や金利平価（CIP，UIP）について考察し，外国為替市場の介入政策（平衡操作）と外貨準備の概念などを概説する。

　第7章では，国債市場，社債市場，転換社債，ワラント債，などからなる証券市場の概要と機能について解説する。株式市場については，株式の役割，株式市場と株式取引の仕組みや，株価決定のメカニズム，株価指標と株式投資尺度について理解する。

　第8章では，貸出金利，預貯金金利，市場金利，政策金利など各種の金利概念と利回り概念を説明する。次に長期金利と短期金利とを関係付ける金利の期間構造理論について，代表的な仮説である純粋期待仮説と市場分断仮説について考察する。

　第9章は，デリバティブ（金融派生商品）について取り上げる。デリバティブは，条件付き請求権ともいわれ，その代表的なものである先物（先渡し），オプション，スワップ取引について考察を加える。

　第10章は，市中に流通する貨幣が中央銀行からどのようなメカニズムで供給されるのかを解説する。まず，日本銀行のマネーストック統計を示し，さらに信用創造メカニズムを理解することで，ハイパワード・マネーとマネーサプライとの関係が明らかにされる。日本銀行が発表している資金需給実績について言及する。

　第11章では，古典的な貨幣需要と貨幣数量説，さらにケインズ理論の貨幣保有動機を説明し，マクロの貨幣需要関数を導出する（流動性選好説）。この貨幣需要関数に基づいて，貨幣市場の均衡条件を表わすLM曲線を導出するとともに，在庫アプローチによる貨幣需要も解説する。

　第12章では，インフレーションの定義と，インフレーションの経済的コス

ト，フィッシャー効果，シーニョリッジ概念などを解説し，さらに後半では，インフレーションと失業のトレードオフを表すフィリップス曲線やオークン法則などを取り上げる。最後に，デフレーションの経済現象について概観していく。

　第13章では，$IS=LM$ 分析の枠組みにおいて，金融政策の効果を整理する。さらに，日本銀行が現在使用している金融政策手段や，近年採用してきた非伝統的金融政策を取り上げる。

　第14章では，金融規制の存在理由と，わが国金融規制の体系について論じる。各種の競争制限的規制，経営健全化規制（BISの自己資本比率規制），預金保険制度と日本銀行による最後の貸手機能，並びにプルーデンス政策（信用秩序維持政策）について整理する。

　筆者が単著を上梓するのはこれが初めてのことであり，大学の講義ノートをもとに書かれたものとはいえ，いざ執筆に取りかかると，その作業は予想以上の難しさであった。入門書であるとはいえ，1冊の本を単独で執筆するという作業には，筆者がこれまで金融論で学んできた全てを復習し，確認していく必要に迫られた。それは，これまで講義で用いてきた題材すべてに厳しい吟味を行うことにほかならなかった。学部学生を対象とする講義は，スタンダードな内容を分かりやすく解説することに専念すれば，それで事足れりとするのでも良いかも知れない。しかし一方で，大学教員には，それぞれが専門とする研究領域での問題関心と，研究者としての思い入れというものがあり，他の類書には無い特徴や個性を少しでも主張したいというこだわりがある。

　最後に，これまでお世話になった方々に御礼を申し上げないとならない。筆者を深淵な理論経済学の世界に導いて下さったのは，一橋大学経済学部のゼミナールでご指導を戴いた，一橋大学名誉教授故荒憲治郎先生である。また，一橋大学名誉教授（現日本大学商学部教授）寺西重郎先生には，大学院のゼミナールにおいて，長く金融論のご指導を戴いた。ともすれば自分を見失いがちな筆者を暖かく見守って下さったお二人の先生の学恩には，いくら感謝しても足りないものがある。

また，勤務先大学で日頃お世話になっている宮本光晴教授（企業経済論），田中隆之教授（日本経済論），山田節夫教授（経済政策），大倉正典教授（国際金融論）の諸先生からは，本書執筆に際して貴重なご助言を戴いた。

　本書において，私のささやかな工夫と挑戦がどれほど成功しているかは分からないが，読者諸氏のご批判を待つばかりである。

　同文舘出版（株）の市川良之氏は，筆者の遅れがちな原稿を辛抱強く支えて下さった。ここに記して御礼申し上げたい。

2012年1月　生田キャンパスにて

山中　尚

目　次

第2版　はじめに……………………………………………………(1)
はじめに………………………………………………………………(3)

第1章　貨幣の機能 ───────────────────3

第1節　貨幣の定義と機能……………………………………… 3
1.1　貨幣とは………………………………………………… 3
1.2　貨幣の機能……………………………………………… 4
1.3　現金の経済的特性と流動性…………………………… 7
1.4　内部貨幣と外部貨幣…………………………………… 8

第2節　通貨制度………………………………………………… 9
2.1　金本位制度……………………………………………… 10
2.2　管理通貨制度…………………………………………… 11
2.3　通貨代替………………………………………………… 12

第3節　新しい貨幣概念………………………………………… 13
3.1　クレジットカードとデビットカード………………… 13
3.2　電子マネー……………………………………………… 14

第2章　決済システム ─────────────────17

第1節　決済システムとは……………………………………… 17
第2節　わが国の決済システム………………………………… 19
2.1　決済システムの類型…………………………………… 19
2.2　わが国決済システムの概要…………………………… 20
2.3　わが国決済システムの特徴…………………………… 25

第3節　決済リスクと即時グロス決済……………………………… 26
　　3.1　決済リスクとリスクエクスポージャー ……………………… 26
　　3.2　時点決済から即時グロス決済への移行 ……………………… 28
　　3.3　即時グロス決済から期待される効果 ………………………… 29

第3章　金融システムの機能と資金貸借ーーーーーーー31

　第1節　金融システムの機能 ………………………………………… 31
　第2節　直 接 金 融 ……………………………………………………… 32
　　2.1　証券市場と証券会社 …………………………………………… 33
　　2.2　直接金融における情報生産と格付け ………………………… 35
　　2.3　クレジット・デフォルト・スワップ ………………………… 38
　　2.4　証券市場における情報の効率性 ……………………………… 38
　第3節　間 接 金 融 ……………………………………………………… 41
　　3.1　間接金融と資産変換機能 ……………………………………… 41
　　3.2　金融仲介機関の経済機能 ……………………………………… 42
　第4節　資金循環と金融取引 ………………………………………… 44
　　4.1　資金循環表 ……………………………………………………… 44
　　4.2　わが国の金融構造 ……………………………………………… 46
　　4.3　金融連関比率 …………………………………………………… 47
　　4.4　国　　　富 ……………………………………………………… 48

第4章　金融制度と銀行行動ーーーーーーーーーーーー49

　第1節　わが国の金融制度 …………………………………………… 49
　　1.1　高度経済成長期からの金融システム ………………………… 50
　　1.2　銀行の形態 ……………………………………………………… 51
　　1.3　銀 行 業 務 ……………………………………………………… 52
　第2節　金融の自由化と国際化 ……………………………………… 53
　第3節　銀行行動の理論 ……………………………………………… 54

第4節	貸出市場の分析	56
	4.1 貸出市場の均衡	56
	4.2 信用割当	57
	4.3 メインバンク	58
第5節	市場型間接金融	59
第6節	証券化（セキュリタイゼーション）	60
	6.1 証券化とは	60
	6.2 証券化の手法	61
	6.3 証券化商品	62
	6.4 証券化のメリット	63

第5章　短期金融市場　　65

第1節	短期金融市場の概要と機能	65
第2節	インターバンク市場	66
	2.1 コール市場	67
	2.2 手形市場	68
第3節	オープン市場	68
	3.1 現先市場	69
	3.2 CD（譲渡性預金）市場	70
	3.3 政府短期証券	70
	3.4 短期国債	71
	3.5 CP（コマーシャルペーパー）	71
	3.6 レポ市場（現金担保付債券貸借取引）	72
	3.7 ユーロ市場	72

第6章　外国為替市場　　75

第1節	外国為替相場	75
第2節	外国為替市場	77

		2.1 外国為替市場とは………………………………………… 77
		2.2 外国為替の取引方法…………………………………… 78
第3節	為替レート決定理論……………………………………………… 79
第4節	金利平価………………………………………………………… 82
第5節	外国為替市場の介入政策………………………………………… 86
	5.1 為替介入政策とは……………………………………… 86
	5.2 外貨準備と外為会計…………………………………… 88

第7章 証券市場 ——————————————————— 89

第1節 証券市場の概要と機能………………………………………… 89
第2節 公社債市場…………………………………………………… 91
  2.1 国 債………………………………………………… 91
  2.2 普通社債（事業債, SB）………………………………… 94
  2.3 金 融 債………………………………………………… 96
  2.4 転換社債（CB）………………………………………… 97
  2.5 ワラント債（新株引受権付き社積, WB）……………… 98
第3節 株式市場………………………………………………………… 99
  3.1 株式とは………………………………………………… 99
  3.2 株式市場の取引と仕組み……………………………… 100
  3.3 株式の発行形態………………………………………… 101
  3.4 株価決定のメカニズム………………………………… 102
  3.5 株価指標………………………………………………… 103
  3.6 株式の収益性指標……………………………………… 104

第8章 金利体系と金利の期間構造 ——————————— 107

第1節 金利(利回り)とは…………………………………………… 107
第2節 金利の機能…………………………………………………… 108
第3節 金利概念……………………………………………………… 109

　　　　3.1　債券利回り ··· 110
　　　　3.2　預貯金金利 ··· 112
　　　　3.3　貸出金利 ··· 112
　　　　3.4　政策金利 ··· 114
　　　　3.5　市場金利 ··· 114
　第4節　金利の期間構造理論 ··· 115
　　　　4.1　純粋期待仮説 ··· 116
　　　　4.2　市場分断仮説 ··· 119

第9章　デリバティブ ——————————————————————121
　第1節　デリバティブ取引とリスクヘッジ，投機，裁定 ······································· 121
　第2節　先物取引 ··· 122
　　　　2.1　先物取引の仕組み ··· 123
　　　　2.2　先物取引の経済的機能 ··· 124
　　　　2.3　先物保有の損益パターン ··· 125
　　　　2.4　先物価格と現物価格との関係 ··· 127
　第3節　オプション取引 ··· 127
　　　　3.1　オプションの分類 ··· 129
　　　　3.2　コール・オプションのペイオフ ··· 131
　　　　3.3　プット・オプションのペイオフ ··· 132
　　　　3.4　オプションプレミアムの決定 ··· 133
　　　　3.5　オプションの応用例 ··· 134
　第4節　スワップ取引 ··· 135
　　　　4.1　金利スワップ ··· 135
　　　　4.2　金利スワップによるリスクヘッジと信用リスク ································· 138

第10章　貨幣供給（マネーサプライ）————————————————139
　第1節　マネーストック概念とハイパワード・マネー ······································· 139

1.1　マネーストック統計 …………………………………………… 140
　　　1.2　ハイパワード・マネー ………………………………………… 141
　第2節　ハイパワード・マネーの変動要因 …………………………………… 144
　第3節　信用創造の理論 …………………………………………………………… 147
　　　3.1　準備預金制度 …………………………………………………… 147
　　　3.2　信用創造メカニズム …………………………………………… 148
　第4節　資金過不足概念と資金需給実績 ……………………………………… 152

第11章　貨幣需要 ―――――――――――――――――155

第1節　貨幣市場と債券市場 ……………………………………………………… 155
第2節　古典派の貨幣需要理論 …………………………………………………… 157
第3節　ケインズの貨幣需要 ……………………………………………………… 158
　　　3.1　取引動機 ………………………………………………………… 158
　　　3.2　予備的動機 ……………………………………………………… 159
　　　3.3　投機的動機 ……………………………………………………… 159
第4節　ボーモル・トービンの在庫理論アプローチ ………………………… 160
第5節　流動性の罠（わな） ……………………………………………………… 162
第6節　LM 曲線 ……………………………………………………………………… 162

第12章　インフレーションとデフレーション ―――165

第1節　インフレーションとは …………………………………………………… 165
第2節　インフレーションの定義と原因 ………………………………………… 166
第3節　インフレーションのコスト ……………………………………………… 167
第4節　インフレーションとフィッシャー効果 ……………………………… 168
第5節　シーニョレッジ（貨幣増発による利益） ……………………………… 170
第6節　インフレーションとフィリップス曲線 ……………………………… 172
　　　6.1　フィリップス曲線 ……………………………………………… 172
　　　6.2　フィリップス曲線と自然失業率仮説 ……………………………… 174

　　　　6.3　オークン法則 …………………………………………………… 175
　第7節　デフレーションの経済学 ………………………………………… 176
　　　　7.1　日本経済とデフレーション …………………………………… 176
　　　　7.2　不良債権問題とデフレーション ……………………………… 178

第13章　金融政策―――――――――――――――――――181

　第1節　総需要管理政策と金融政策 ……………………………………… 181
　第2節　安定化政策の一般論 ……………………………………………… 183
　　　　2.1　ティンバーゲンの定理 ………………………………………… 183
　　　　2.2　2段階アプローチ ……………………………………………… 184
　第3節　金融政策手段 ……………………………………………………… 184
　　　　3.1　債券・手形オペレーション …………………………………… 185
　　　　3.2　準備率操作 ……………………………………………………… 186
　　　　3.3　貸出政策 ………………………………………………………… 187
　第4節　財政金融政策の基礎理論と $IS=LM$ 分析 ……………………… 189
　　　　4.1　$IS=LM$ 曲線 …………………………………………………… 189
　　　　4.2　財政政策の効果 ………………………………………………… 191
　　　　4.3　金融政策の効果 ………………………………………………… 192
　　　　4.4　安定化政策の有効性 …………………………………………… 193
　第5節　非伝統的金融政策 ………………………………………………… 194
　　　　5.1　ゼロ金利政策 …………………………………………………… 195
　　　　5.2　量的緩和政策と包括緩和政策 ………………………………… 195
　　　　5.3　量的・質的金融緩和，マイナス金利政策，長短金利操作付き
　　　　　　　量的・質的金融緩和 …………………………………………… 197

第14章　金融規制と信用秩序維持政策―――――――――201

　第1節　金融規制 …………………………………………………………… 201
　　　　1.1　金融機関が直面するリスク …………………………………… 201

1.2　金融規制の考え方……………………………………203
　　　1.3　わが国の銀行規制……………………………………204
　　　1.4　事前的規制と事後的規制……………………………205
　第2節　預金保険制度……………………………………………208
　第3節　自己資本比率規制………………………………………210
　第4節　マクロプルーデンス政策………………………………212

補　論　215

索　引　219

ベーシック

金融論 (第2版)

第1章 貨幣の機能

第1節 貨幣の定義と機能

1.1 貨幣とは

　自給自足の経済あるいは物々交換の世界ではなく，高度に発達した現代経済では，家計や企業の消費や投資活動，さらには諸外国との貿易・資本取引活動は，決済手段（一般的な交換手段）としてその価値の信頼性が確立されている貨幣という媒介物によって営まれている。現代経済は，貨幣の存在なくしては円滑な取引の運行は不可能である。

　ミクロ経済学で学んだように，競争的な市場経済システムでは，財の需給の調整は価格メカニズムが機能することによってなされることが仮定されており，市場参加者は市場から与えられる相対価格の情報によって消費や生産活動を行っているとされたため，貨幣が不可欠のものとはされなかった。すなわち，財の価格はすべて相対的な交換比率として与えられていたのである。しかし，金融取引を始めとして現代経済の作動にとって貨幣は必ず用いられる特殊な財である。また，様々な金融取引は資金を貸借することであり，そこには不可欠のものとして貨幣が利用される。金融取引は，現在の貨幣と将来の貨幣を交換することを意味している。

　貨幣とは何だろうかという問いは，これまで幾度となく繰り返しなされてきたが，衆目の是認する貨幣の一般的かつ一義的な定義を一言で与えることは容

易なことではない。本書においては，まず貨幣とは何かという定義を先に与えておき，その後，貨幣の果たしている経済的機能について解説を加えよう。

貨幣とは，「一般的受容性（general acceptability）をもった債務決済手段」である，という定義を与えよう。ここで，決済手段とは，その受け渡しによって財やサービスの売買によって生じる支払いや受け取りを済ませることができるものであり，さらに，債権債務関係を清算する手段である。すなわち，債務の支払いとして人々が受け入れてくれるという性格を有するものは，貨幣としての機能をもつと考えられる。経済の歴史を繙けば，かつて特定の商品が貨幣として用いられたという例は枚挙にいとまがない。原始時代の交換に用いられた貝殻もそうであるし，第二次世界大戦中のドイツ軍の捕虜収容所で交換の媒介に用いられていたのはタバコであった。このように決済手段として流通するものは，すべからく貨幣としての役割を果たしていたとみなすことができる。

21世紀を迎え，われわれの身の回りには，金融技術革新に基づいた電子マネー，デビットカード，クレジットカードや仮想通貨，など電子商取引（エレクトロニックコマース）に関連する新しい貨幣が出現している。また，欧州の通貨統合によって1999年からスタートした欧州統一通貨ユーロ（Euro）は，最適通貨圏の理論に基づいた壮大な試みである。

このように，新しい貨幣概念の出現や貨幣の変容に関わる話題には事欠かない。しかしながら，われわれはまず，貨幣の経済的な機能というものを抽象的なレベルから考察していこう。

1.2 貨幣の機能

経済学が貨幣の果たす機能として考えられるのは，以下の3つである。

第1は，経済取引に必要とされる情報を節約する「一般的な交換手段（交換の媒介）(means of exchange)」としての機能である。この「一般的な交換手段」としての機能は，どのような財の交換，取引にも貨幣が用いられ最終的な決済手段としての役割を果たすことになる。財の交換は，経済主体がお互いに欲しがっている物を保有している他の経済主体がいないと成立しない。

一般に，「交換」という経済行為は，お互いに相手が欲しがっているものを持っている者同士の間でなければ行われない。貨幣の存在しない物々交換の世界では，ある人が欲する財を入手することは容易なことではない。たとえば，自分の持っているリンゴをミカンと交換したいと思っている人は，逆にミカンをリンゴと交換したいと思っている人を探し出さなくてはならないが，それはたやすいことではない。そこで，もし誰もが支払手段として受け入れてくれる媒介物があれば取引が容易になるであろう。まずリンゴを貨幣と交換し，次に貨幣をミカンと交換することによって目的を達することができるのである。こうすると取引は2回に増えるが，直接リンゴをミカンに交換する場合と比べて，取引相手は非常に簡単に見つかるであろう。

　このように貨幣は，物々交換経済での非常に限定された取引相手を探さなくてはならないという困難（これを「欲求の二重の一致（double coincidence of wants）」という）を取り除き，取引を2回に分けることによって，最終的な目的をよりスムーズに実現することを可能にしてくれるのである。すなわち，貨幣という交換の媒介が存在すれば，財を購入する行為と販売する行為とが分離されるため，交換に必要な探索（サーチ）の費用を節約することができ，より効率的な取引が可能になると考えられる。言い換えれば，貨幣は，財・サービスの取引を時間的かつ空間的に分離させることを可能にするのである。

　資金の貸借には，借り手の信用度（返済能力）に関する情報が必要とされるが，交換手段（交換の媒介物）として人々が受け入れてくれる貨幣を媒介とする取引ではそのような必要性はなく，経済主体は一定の貨幣保有残高を維持しておけばよい。貨幣の存在によって交換の媒介となるものが存在すれば，効率的な財の交換プロセスが可能になるものと考えられる。

　むろん現在では，貨幣以外にも決済を可能にする手段が存在する。銀行預金やクレジットカード，手形・小切手などはその典型的な決済手段であり，われわれの財の購入活動の機会を広げてくれる。しかし，これらの決済手段はいずれも交換手段としては制約があり，貨幣と同程度の一般性は持ち合わせていないといってよい。各種の銀行預金は，大口の取引では重要な決済手段になっているため，貨幣概念であるマネーストックの範疇に含まれるべきものである。

小切手を振り出すことが可能な当座預金は，普通預金よりも貨幣としての性格が強いし，クレジットカード，プリペイドカードやデビットカードが支払決済手段として容易に用いられるようになったことも，決済手段としての銀行預金の重要性を高めている。貨幣の概念を定義するとき，これら預金のうちどこまでを貨幣概念の範疇に入れるべきかという議論については，マネーストック概念について解説する第10章で再び述べる。

　第2は，「価値尺度（計算単位）（unit of account）」としての機能である。価値の尺度としての貨幣の存在は，様々な財・サービスの交換比率に関する膨大な情報を節約し，これによって交換プロセスをよりスムーズなものにすることができる。

　いま，財が2つのときには交換比率である相対価格は1つであるが，財の数が3つのときには3，財が4つに増えると相対価格は6，財が5つに増えると相対価格は10，というように，交換比率に関する情報はどんどん増えていくことになる。一般に，財がN個存在するケースを想定してみると，経済主体にとって取引に必要とされる交換比率（相対価格）の数は容易に分かるように，N個の中から2個を取る組み合わせの数である$N(N-1)/2$であり，財の数が増加するにつれて，Nの2次関数で与えられる交換比率の数は急速に増大していく。財の数が10,000に増えると，相対価格の数は4,999万5,000にも増えてしまう。

　しかし，もしここですべての経済主体が価値の基準と認める財を用いることにして，その数量ですべての商品の価値を表すことにすると，必要とされる交換比率である価格の数は財の数Nで済む。このような価値の基準となる財のことを一般に，「ニューメレール（価値尺度財）」と呼ぶ。価値尺度財としての貨幣が存在することによって，交換にともなう価格情報の収集・評価のコストを節約することができるのである。

　第3は，「価値の保蔵手段（store of value）」としての機能である。貨幣は，購買力の一定の価値を一時的に保蔵するという機能をもっている。これは貨幣が財・サービスを購入できる利便性に基づくものであると同時に，貨幣それ自体が名目的な価値をもつからである。

もちろん，貨幣は名目的な価値を有しているものの，一般物価水準が上昇するインフレーションが発生すると，その価値が低下し購買力が減ってしまう。すなわち，財と交換するのに必要な貨幣の量が増えることになる。その意味においては貨幣が価値の保蔵手段としては不完全なものであるが，いずれにせよ，貨幣は，購買力を現在から将来へ移転させることを可能にするために異時点間の経済活動に重要な機能を果たしている。

かくして貨幣は，「一般的な交換手段」として経済活動に不可欠のものとして用いられ，かつ「価値尺度」としての機能を果たしている。それと同時に，資産の価値を保蔵する「価値の保蔵手段」としての役割を有しており，これら3つの機能は深く関連し合っている。

1.3 現金の経済的特性と流動性

「現金」の持つ経済的特性として，①その支払いによって決済が最終的に完了するという意味で「支払完了性（ファイナリティーという）」をもつこと，②その利便性から汎用性があること，③匿名性（anonimity）があること，の3つが指摘される。

金融資産は貨幣に近い性質をもっていて，これを「貨幣性（moneyness）」などと呼び，この貨幣性の度合いは，その金融資産の「流動性（liquidity）」という尺度で測られる。資産の流動性の程度は，資産の満期の長さ，資産価値や収益の安全性，および金融市場の組織化や効率性の程度，などに依存するものと考えられる。

新古典派の経済学では，貨幣の一般的交換手段としての機能が重視されるが，ケインズ経済学では，資産として貨幣がもつ「流動性」という性質に注目する。「流動性」とは，「その資産が最終的な決済手段である貨幣に変換することができる容易さの度合い」と定義しておこう。この流動性概念は，貨幣需要を考察する際にも重要になってくる。

有効需要の原理を提示したJ.M.ケインズは，貨幣の機能についても深い考察を行っているので，その考え方を紹介してみよう。ケインズ『一般理論』

（第17章）によれば，資産は，①収益性，②持ち越し費用，③流動性，という3つの属性から理解される。ケインズの理解に従えば，貨幣は他の資産と比較して収益性はゼロであり，持ち越し費用も無視できるものの，一般受領性が高いという特性によって流動性が大きいという際立った特質をもっていることになる。

ケインズの指摘を待つまでもなく，資産の経済特性を論じるときには，標準的な教科書での理解に従えば，その資産を保有したときの収益性（リターン）とリスク（危険）の大きさ，ならびに，税制，さらには，ここで簡単に定義を与えた「流動性」の程度などに関する理解が重要である。

貨幣の価値は常に安定しているわけではなく，現在の「管理通貨制度」のもとでは，各国の中央銀行は貨幣価値の安定を最優先の政策目的として金融政策を遂行している。第2章で解説するように，厳密な意味で「支払完了性（ファイナリティー）」を有するのは，現金と，金融機関が日本銀行にもつ日銀当座預金である。金融機関同士の資金決済や，日銀貸出や各種の債券・手形オペレーションは，この日銀当座預金を通じて行われる。その意味で日本銀行は，わが国決済システムの中核的な役割を果たしている。決済機構については，続く第2章で考察される。

1.4　内部貨幣と外部貨幣

貨幣は，「内部貨幣」と「外部貨幣」という基準で分類されることがある。
「内部貨幣（inside money）」は，本源的証券に基づいて供給される貨幣のことをいう。ここで本源的証券とは株式や社債のことであって，民間金融機関の債務である銀行預金などが，内部貨幣に該当する。内部貨幣の供給量は，したがって，利潤極大化行動を行っている銀行行動に依存するので，第10章で説明する，信用創造のプロセスに結び付くものである。ただし，貨幣供給量が与えるマクロ的な効果を考えるとき，内部貨幣である預金を通じる影響は，それが私的部門の債務であるため，経済全体では互いに相殺されてしまうことに注意が必要である。

「外部貨幣（outside money）」は，金や政府証券，外国証券を裏付けに発行される貨幣をいい，これはほかでもなく，現在の管理通貨制度のもとでは各国の中央銀行が発行する中央銀行券である。わが国では日本銀行券が外部貨幣に相当する。

第2節 通貨制度

われわれが経済活動を営んでいる現代の経済システムは，銀行券の発行が中央銀行の金保有量に制約されていた「金本位制度」とは異なり，中央銀行が発行する紙幣が流通する「管理通貨制度」の下にある。貨幣は，それが貨幣として社会で受け入れられるためには，その価値が社会的に信頼されるものでなければならない。

貨幣制度の歴史を振り返るとき，貨幣には特定の商品や貴金属が用いられてきたことが知られている。これらは，商品貨幣（commodity money），金属貨幣，秤量貨幣などと呼ばれる。貨幣には，携帯や運搬に便利であって，かつ，素材が耐久性に富み，物理的な品質が一定であることが求められてきたのである。金属貨幣は，それ自体として価値をもつがために交換手段として機能するもので，実態貨幣（substantial money）とも呼ばれる。

貨幣制度の考えには「金属主義（metalism）」と「名目主義（nominalism）」がある。金属主義では，貨幣はその素材価値をもって貨幣とみなす考え方であり，名目主義では，貨幣は，その素材のいかんを問わず社会経済的に流通するものは貨幣として流通するという考え方である。特定の金属を貨幣価値の基準とする本位貨幣制度のもとでは，発行される貨幣の量が，「正貨準備」と呼ぶ金や銀などの保有量に規定されている。銀行券の価値は，この正貨準備との兌換によって保証されていたのである。

以下では，戦後の国際通貨体制を振り返る。戦後始まった金ドル本位制度を中心とする国際通貨体制（ブレトン・ウッズ体制）はアメリカの国際収支赤字

の拡大によって維持不可能になり，1973年から全面的な変動相場制に移行した。しかし，変動相場制の導入以降，国際収支の自動的な是正は必ずしも実現せず，逆に為替レートの大幅な変動（オーバーシュート）が発生した。

それでは，代表的な通貨制度を順番に説明していこう。

2.1 金本位制度

「金本位制度」とは，中央銀行が，①通貨と金との交換（兌換）ならびに，各国間の自由な金の流出入を保証する仕組みであり，さらに，②外貨との通貨の交換比率である為替レートを，「金平価」を中心とする一定の幅の中に抑えようとする制度である。金本位制度は，19世紀末に国際通貨制度として確立したものである。

通貨は，中央銀行が保有する金の存在により保証されることから発行され，かつ正貨準備である金の保有量によって制限されていた通貨制度である。「金本位制度」下では，通貨はいつでも金と交換されることが保証されていた「兌換紙幣（backed money）」と呼ばれる。

金本位制度には，さらに詳しくいうと，①金のみが通貨として流通する制度である「金貨本位制度」，②国内では銀行券が流通し，政府が対外的決済手段として金を保有する「金地金本位制度」，③通貨当局が金本位制度を採用する国の通貨との交換を約束する紙幣を発行する「金為替本位制度」などがある。

金属主義に基づく通貨制度で問題になるのは，「グレシャム法則」の議論である。「グレシャム法則」は，「悪貨が良貨を駆逐する」と主張するもので，金属の純度の高い良貨が溶解されたり，海外に流出したり退蔵されたりする一方，純度の低い悪貨は流通し続けるため，素材価値が低い貨幣が市場を独占し，価値の高い貨幣が市場から姿を消す現象を指している。このような現象が発生するのは，鋳造貨幣が素材の金属の価値と貨幣の額面価値が乖離しやすいことによるものである。

第二次世界大戦後の国際金融システムでは，金ドル為替本位制を中心としたIMF体制（ブレトン・ウッズ体制）が創設された。アメリカは世界一の金保

有国だったので，アメリカの通貨である米ドルとの固定為替相場制を介して，各国通貨の価値が間接的に金と結びつく形での金本位制となった。しかし，1971年，金と米ドルの兌換が停止されたため（ニクソン・ショック），各国の通貨も1973年までに変動為替相場制に移行し，金本位制度は現在，その役割を終えているといってよい。

2.2 管理通貨制度

　管理通貨制度とは，国内に流通する通貨を，中央銀行が保有する正貨準備である金にリンクさせず，様々なマクロの政策目標（物価安定，経済成長，雇用の改善，国際収支の改善等）に合わせて，その増減を調整する制度である。

　現在わが国の通貨体制は「管理通貨制度」であり，この制度の下で中央銀行は，中央銀行券発行の裏付けとして金，銀などの正貨準備を保有することが義務づけられていない。通貨は，それ自体としては価値を持たない（no intrinsic value）か，あるいは額面の価値よりも遥かに低い価値しか持ち合わせていない。管理通貨制度のもとで発行される貨幣は，「不換紙幣（fiat money）」（あるいは信用貨幣，名目貨幣（token money）ともいう）と呼ばれ，法律によってその価値を保証され，「強制通用力」を与えられた貨幣である。わが国では，日本銀行だけが，法律によって貨幣を独占的に発行する権限（通貨発行権）を与えられている（「日本銀行法」第46条）。このため，日本銀行は発券銀行とも呼ばれる。

　わが国で一般的な交換手段として通用している貨幣は，日本銀行が発行する銀行券と政府（財務省）の発行する鋳造（補助）貨幣，ならびに民間銀行が発行する要求払い預金から構成されるものと考える。前二者は法律で強制通用力を付与された法定貨幣（法貨（legal tender））と呼ばれる。すなわち，法貨は銀行券（bank note）と鋳造貨幣（coin）から構成される。法定通貨である日本銀行券には，これを用いて支払いを行ったときには相手がその受取りを拒否できないという，法貨としての強制通用力が法律により付与されている。日本銀行券は無制限に通用するものであり（「日本銀行法」第46条），また，補助貨幣

の強制通用力は20倍である。日本銀行券は，広く利用可能な決済手段であり，とくに小口資金の決済手段として広く利用されている。

　要求払い預金は，法律によってその価値が規定されているわけではないとはいっても，法貨との交換が（銀行との）契約によって保証されているため，社会的に決済手段としての機能が信任されているものである。各種の自動支払・引き落としのサービスができる普通預金も，現金に次いで貨幣としての役割を果たしているものと考えられ，マネーストック統計では，現金通貨と同様の扱いがなされている。

　管理通貨制度における貨幣供給量は，第10章で説明するように，貨幣の発券機関である中央銀行の金融政策と，民間金融機関組織内でなされる預金の信用創造プロセスによって規定される。

2.3　通貨代替

　通貨制度の議論と関連して，国内の取引において，自国通貨だけではなく外貨が決済手段や価値の保蔵手段としてとして流通する現象が発生することがある。このような現象をとくに，「通貨代替 (currency substitution)」と呼ぶ。これは，自国通貨の価値が不安定だったり，価値そのものが著しく低下しているため，通貨が本来もっているべき信頼が失われることから生じる特殊な経済現象である。

　日本銀行が通貨価値の維持に努力を払っているため，通貨代替のような現象がわが国で発生する可能性はほぼないといってよい。しかし，たとえばエクアドル，パナマなど中南米の国では，自国通貨の信頼性が失われてしまい，国内で外貨である米ドルが盛んに流通するという事態が発生している。通貨価値を安定化させることはできるものの，中央銀行が自主的に運営できなくなり，かつ，後に述べる通貨発行益を失ってしまうことになる。このような現象をとくに「ドル化 (dollarization)」という。こうした事態の発生は，管理通貨制度のもとで，中央銀行が貨幣価値を維持することがいかに重要なことかを示している。

第3節　新しい貨幣概念

　この節では，新しい貨幣概念としてデビットカード，クレジットカード，電子マネーなどについて概説しよう。

3.1　クレジットカードとデビットカード

　デビットカード（debit card）は，金融機関のキャッシュカードが決済手段として使用可能となっているもので，わが国では1999年からサービスが開始され，2000年からさらに本格的な利用が始まった。デビットカードは，銀行預金のキャッシュカードを店頭で提示して，加盟店が行う商品の販売（売買取引）に対して負担する債務を当該カードの預金口座から預金の引き落としによって支払う取引を可能にする。支払いは，口座から直接同時に引き落としがなされる即時決済の仕組みをとる。顧客が銀行預金の出し入れや振込に用いるキャッシュカードに店舗での決済機能を加えたものであり，これによって簡単に支払いを済ますことができる。したがって，デビットカードの利用者は現金を持たずとも買い物ができ，使用にともなう手数料（取引コスト）はかからない。発行主体は銀行および郵便貯金などで，預金者が保有するキャッシュカードを何ら変更なく利用できる。ほぼすべての銀行がデビットカードを提供する背景には，個人顧客の利便性につながるサービスの向上を競っている構造がある。
　デビットカードは英米では既に一般的な決済支払い手段として定着しており，わが国でも本格的に用いられるようになれば，今後，小口の支払い決済にはクレジットカードよりも広く用いられる可能性があると考えられる。
　一方，クレジットカードは，利用代金を後で支払う後払い（ポストペイ）の決済手段である。プリペイドカードやデビットカードと異なり，入会に際して

は審査が必要である。

クレジットカードでの支払いでは，商品の購入に際し顧客が店頭でクレジットカードを提示すると，クレジットカード会社が加盟店への支払いを行い，後でカード利用者へ代金を請求する仕組みになっている。支払い方法には，一括払い方式，分割払い，リボルビング払いなどがある。クレジットカードは本人のサインだけで利用でき，あらかじめ契約で決まった額だけ利用が可能で，海外でも提携のあるものは使用できる。

3.2 電子マネー

「電子マネー」は，経済取引の対価である金銭的価値を電子情報化して決済手段として用いるものである。これをもって消費者が店舗などで支払いが可能になるものである。貨幣の情報がICカードに蓄積される電子マネーは，欧米で開発され，わが国でも使用頻度が飛躍的に増える傾向にあり，小口決済において用いられる機会が増えている。クレジットカードのように単なる支払い手段としてだけでなく，今後は，現金，銀行預金などに次ぐ決済手段として機能する可能性がある。

電子マネーの発行枚数は，わが国でも着実に増加を続けており，決済金額・件数ともに増加傾向にある。1枚当たりの利用回数や入金されている残高が増加するなど，家計にとって身近な小口決済手段として浸透しつつある。もっとも，現金や預金などその他の決済手段と比較すると，電子マネーの決済金額や残高の規模は依然小さい。家計部門による利用は，限定的であるものの，身近なリテール決済手段として普及が進んでいるものと評価できよう。

日銀の電子マネーに関するレポート（「最近の電子マネーの動向について (2012年)」によると，2012年6月時点で，月間決済額は1,981億円，月間件数は2億2,700万件，電子マネー残高が1,497億円などとなっている。さらに2016年には，電子マネーの決済金額が初めて5兆円を突破し，決済件数も50億件を超えた。2007年の日銀の調査開始以来，電子マネーの利用は右肩上がりで増えており，買い物のキャッシュレス化が進んでいる。

この他に，新たな決済手段として機能するようになった「仮想通貨」がある。近年広く使用されるようになった仮想通貨には，発行者がいない。仮想通貨の発行はブロックチェーン技術に基づくもので，現在600種類ほど存在する。このうちビットコインは代表的な仮想通貨で，通常の通貨のように中央銀行が発行する貨幣ではなく，送金や商品の購入に用いられ，送金手数料は銀行よりも安価である。ビットコインの価値は取引所で変動する。しかし，ビットコインには投機的側面があり，さらに，マネーロンダリングや違法な取引に使われやすい。わが国では，改正資金決済法の施行により，仮想通貨の交換サービスを行う事業者に登録制の義務などが課せられた。

　電子マネーは現在，決済システムや金融システム全体に決定的な影響を与えるに至っているとはいえない。電子マネーが，今後わが国決済システムにどのような位置を占めていくのか，さらに今後，安全性，効率性や利便性の向上とも関連して，どのように発展していくか注視する必要があろう。

第2章 決済システム

第1節 決済システムとは

　経済取引にともなう決済を担う決済システムとは、どのようなものだろうか。そして、われわれの日常の資金決済とは、どのように行われているのであろうか。先の貨幣の機能を扱った第1章でみたように、高度な資本主義経済では、現金だけではなく、銀行預金が主要な決済手段として用いられている。

　決済システムとは、多くの参加者を一定の標準化されたルールに従って組織的に処理するための仕組みである。決済システムは、経済活動のインフラであるがゆえに、安全性と効率性が求められ、そこに付随する決済リスクの軽減が必要である。決済システムは地味ではあるが、金融システムの運行に重要なインフラの役割を果たすものであって、多くの参加者を一定の標準化されたルールに従って組織的に処理するための社会的な仕組みである。

　わが国の経済活動において膨大な資金決済が可能になるのは、以下に述べるように、全銀システムなど銀行システムを結ぶネットワークが存在するからであり、こうした決済システムが、送金、振込、振替のデータを迅速かつ効率的に処理できる社会基盤を構築している。現在、わが国の決済システムの規模はたとえば、全銀システムの件数や金額でみると、既にGDP（国内総生産）の伸びを上回る増加傾向にある。

　それでは、決済システムは、具体的にどのような機能を果たしているのであろうか。われわれの財サービスの取引にともなう決済をすべて現金通貨で行うことは明解であるが、一方で不便で繁雑であり、さらには大量の現金を運搬す

ることは危険がともなうため，現実には，各種の銀行預金が決済手段として広く用いられている。

　貨幣概念が変容しているという論脈の中で，第1章では，現金のほかに，電子マネーや仮想通貨等という新しい形の貨幣が次々と誕生し，われわれの日常の決済に次第に浸透し始めていることを指摘した。こうした新しい決済手段の登場によって，決済の方法そのものも変貌していく可能性がある。

　金融機関の経済機能は，情報生産と資産変換機能に基づく資金仲介とともに，決済システムの担い手としての役割を果たすことであり，わが国の決済システムは，金融機関によるネットワークから構成されていて，コンピュータシステムに依存した階層である。わが国の決済システムは，これまでのペーパーベースの決済から，エレクトロニクスベースの決済へ移行している。

　決済システムは，わが国にとどまらず，全世界に広がるネットワークを形成している。世界各国の決済システムには，アメリカの SWIFT, CHIPS, ユーロ市場でのユーロクリア，欧州連合の単一通貨ユーロでのクロス・ボーダー決済に対する TARGET システム（汎欧州即時グロス）などがある。

　そして，決済システムの構造そのものを変革する技術革新が生じている。各種決済のオンライン化，電子資金振替（EFT, Electronic Fund Transfer），電子マネーの出現・導入など，決済システムの構造そのものを変革する技術革新がそれであり，これにともなってリスク管理の対応策として，即時グロス決済（RTGS）や DVP（Delivery vs Payment），オブリゲーションネッティング，さらに，様々なセキュリティー対策などがとられている。ここで，オブリゲーションネッティングとは，同一日に決済する同一通貨の債権債務をネットアウトして差額分を新たな債権債務に置き換える方法である。決済がネットベースの額に削減されるため，その分抱えるリスク額も差額分に収まることになる。

　しかしながら，経済活動の増大に不可避的にともなう資金決済の規模拡大は，一方で，これにともなって巨大なシステムの運行に特有な「システミックリスク」をともなう可能性がある。取引契約の履行には，まず契約の締結がなされ，さらに売買の目的物の引き渡し（delivery）と代金の支払い・決済が続くのであるが，売り手の側には，最終的な決済が済むまで代金の支払いが受け

られないかもしれないという「決済リスク」が存在する。銀行の経営破綻，ソルベンシーの毀損，コンピュータシステムの故障や犯罪などによって，金融機関の支払い不能の状態が連鎖的に伝播し，決済システムそのものが維持不可能になることが考えられるのである。

決済は，財・サービスの売買によって生じた債権債務関係を，価値のあるものを受け渡すことで解消する。言い換えれば，経済活動の結果として生じる債務が貨幣的価値の移転によって履行される仕組みである。財の取引は，取引の約定と財の受け渡しが済み，決済がなされてようやく取引が完了する。決済手段のうち現金は，前章で述べたように，強制通用力，汎用性，支払完了性（ファイナリティー）などの性質を有する。手形，小切手では，買い手（支払人）の取引銀行から売り手（受取人）の取引銀行へ資金移動がなされて初めて支払完了する。

ところで，ひとくちに決済といっても，英語では，次のような使い分けがなされる。「payment」は企業や家計の間での決済をいい，「clearing」は決済システムの担い手である銀行間での決済を指す。「settlement」は，金融機関と日本銀行との決済に該当し，最終的に支払完了性のあるハイパワード・マネー（現金と日銀当座預金の合計）で決済されることを意味している。

第2節　わが国の決済システム

2.1　決済システムの類型

決済システムは，いくつかの類型に分類ができる。

まず，支払いと受け取りの差額（交換尻）で決済を行う決済システムを，「ネット決済システム」といい，支払指図の額をそのまま決済する方法を「グロス決済システム」という。

また，1日のうち特定の時点において決済が行われるシステムを「時点決済システム」といい，支払指図のあるたびに決済を行うシステムを「即時決済システム」という。

　支払い額の大きい決済を扱うシステムを「大口決済システム」といい，少額の決済を扱うシステムを「小口決済システム」という。

　決済システムはまた，運営主体によっても分類され，中央銀行が中心となって行う決済システムである「中央銀行決済システム」と，民間経済主体が行う「民間決済システム」とに分けられる。

　第1章で述べたように，決済手段としてのファイナリティーを有するのは現金と日銀当座預金であり，たとえば，小切手を受け取っても支払いが完了したとはならないので，小切手の受取人である債権者には決済リスクが残存している。

　決済システムの発展にともない，預金通貨の決済機能が一段と拡大し，一定額の決済を実行するのに必要な預金残高が節約できるというメリットがある。今まさに，われわれは，ペーパーベースの支払手段に基づく社会から，エレクトロニクス決済によるキャッシュレス社会への移行の時期にあるといってよい。決済システムは，それ自体としての構築・維持コストがかかるため，決済手段の信頼は，決済システムを支えているコンピュータシステムに対する信頼に基づいていると言い換えることもできる。

2.2　わが国決済システムの概要

　決済システムは，資金の支払いを行う「資金決済システム」と，国債や株式などの受け渡しを行う「証券決済システム」とに大別できる。本章では，このうち主として前者の資金決済システムを解説する。

　資金決済システムには，金融機関相互のネットワークであるわが国の決済システムとして，「手形交換制度」，「全銀システム」，「外国為替円決済制度」，「日銀ネット（日本銀行金融ネットワークシステム）」があり，大規模なコンピュータネットワークのうえに構築された巨大な情報システムである。本章で

図表 2-1　主要な決済システムの決済金額・件数

	金額（兆円）	件数（千件）
日本銀行当座預金	135.6	69.3
うちコール取引等	45.6	
国債 DVD	55.3	
CLS（円取引分）	53.7	99.1
外国為替円決済制度	15.7	27.1
全国銀行内国為替制度	12.2	6,345.6
手形交換制度	0.9	84.4

資料：日本銀行「決済システムレポート 2016」。

は，これらについて概説していこう。

図表 2-1 には，以下説明していく主要な決済システムの，1営業日あたりの決済金額と件数が示されている。

(1)　手形交換制度

「手形交換制度」は，主に企業が振り出した小切手・手形等を金融機関同士が相互に決済するために，複数の金融機関が一定の時刻に手形交換所に集合して，手形・小切手等を交換し，その受払差額を計算する仕組みである。手形交換制度は，各地の銀行協会により運営されている。

企業間の商取引では，代金の受け払いに約束手形などを使うことが多い。買い手企業が，自社の当座預金口座から一定の期日に代金を支払うことを約束する手形を発行し，これを受け取った企業が自社口座のある取引金融機関に持ち込み，期日に合わせて代金を振り込んでもらうのが，手形の基本的な仕組みである。こうした手形の決済では，一定地域の金融機関が，他行を支払場所とする小切手や手形などを，手形交換所に一定の時刻に持ち寄って差額を決済することが行われる。

莫大な件数の手形や小切手の決済を個別の銀行同士で処理するのはほぼ不可能であり，手形交換決済制度は，企業の発行する手形の決済を効率的に処理する仕組みである。

手形交換制度の仕組みは，個別の銀行が持参した小切手や手形そのものを決済するのではなく，受取額と支払額との差額である参加金融機関の交換尻だけが受け渡しされることになっている。そして，各銀行の交換尻は，銀行が日本銀行にもつ当座預金を振り返ることを通じて一定時刻に振替決済される。この日本銀行にある当座預金振替のためのネットワークシステムは，後に説明する「日銀ネット」であり，1988年から稼動している。ただし，手形や小切手を受け取っても最終的な決済とはなっていない。すなわちファイナリティーをもっていないことで，決済リスクが残存していることには注意が必要である。

　近年，企業が小切手や手形よりも振り込みなどによって決済を行うことが増えたため，手形交換制度の金額や件数は減少している。

(2)　内国為替決済制度（全銀システム）

　「全国銀行内国為替制度」は，個人や企業が金融機関に振込を依頼した場合などに，金融機関同士の決済を行うための仕組みである。この制度は，全国銀行資金決済ネットワーク（全銀ネット）により運営されている。家計や企業が様々な資金決済を行うとき，銀行振り込みや口座振替を用いる。銀行を通じた送金や振込は，内国為替といわれる。

　「内国為替決済制度（全銀システム）」は，全国の金融機関間の内国為替取引をオンライン処理するシステムであり，銀行の顧客間の資金決済を扱う決済システムである。全国の金融機関で受けた振込依頼を，振込先口座にリアルタイムで送信するもので，銀行間決済も当日完了する。振込・送金など金融機関の為替取引に関するデータの処理は，全銀システムのセンターを通じて行われる。

　遠隔地にある企業などへの代金支払いなどの目的で資金を送る為替業務を行う場合，金融機関の受取人の預金口座への送金あるいは振込手続きによって行う。振替は，同一銀行内で異なる口座への送金であり，振込は，異なる銀行への送金である。

　為替業務に基づく金融機関間の債権債務は，日本銀行の当座預金口座を通じて最終的に決済（セトルメント）される。こうした為替業務は「全銀システ

図表 2-2　全国銀行内国為替制度

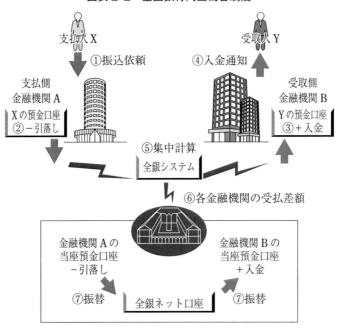

出所：日本銀行金融研究所編『日本銀行の機能と業務』有斐閣，2011年。

ム」に基づくもので，決済の一括処理によって業務の効率性が図られている。この仕組みは，図表2-2に示されているようである。

　このうち，1件1億円以上の大口取引については，支払指図ごとに決済に必要な情報がセンターから日本銀行金融ネットワークシステム（日銀ネット）に送信され，日銀当座預金上で即時グロス決済（RTGS）により処理される。

　決済リスク対策として，決済金融機関は，仕向超過限度額に相当する額の担保を東銀協に差入れることがあり，不払い発生時の当日の決済は，流動性供給銀行からの資金提供により完了することになっている。内国為替は，取引金額も件数も増加傾向にある。

　全銀システムも，次の外国為替円決済制度も，ともに民間決済システムである。

(3) 外国為替円決済制度

　外国為替円決済制度は，海外の個人や企業が日本国内へ円資金の振込みを依頼した場合や，金融機関同士が外国為替の売買を行った場合に，金融機関同士の円資金の決済を行うための仕組みである。すなわち，外国為替円決済制度は，外国為替の売買，貿易，対外投融資などの外国為替関連取引に関わる円資金決済を効率的に処理することを目的とし，外為取引に関わる銀行間の円取引のクリアリングを行う仕組みである。外国為替取引の決済は，主にこの外国為替円決済制度と，クロスボーダー取引の多通貨決済システムであるCLSを通じて行われ，外為取引，ユーロ円取引，円建て仕向送金などに関連した円資金の受け払いを決済している。

　全銀システムと同様に，最終的な受払尻は日銀ネットを通じて日銀当座預金の振替によって決済される。

　外国為替の売買にともなう「外為決済リスク」とは，外為取引における一方の当事者が売渡通貨を支払ったものの，買入通貨を受け取ることができないリスクであり，これは，買入通貨を期日に受け取ることができないリスクである「流動性リスク」，ならびに，買入通貨を期日およびそれ以降のいかなる時点においても受け取ることができないリスクである「信用リスク」から成るものと考えられる。

　支払指図の伝送等の事務は，日本銀行が委託を受け，日銀ネットのインフラを利用して行っている。外国為替円決済制度の決済方法は，即時グロス決済（RTGS）に移行している。

(4) 日本銀行金融ネットワークシステム

　日本銀行金融ネットワークシステム（以下，「日銀ネット」）は，日本銀行と取引先金融機関との資金や国債の決済をオンライン処理するためのネットワークである。対象業務は，当座預金取引，外為決済制度関連事務，短期国債の売買取引，国債発行事務，国債同時受け渡し関係事務（国債DVP）などから構成されている。これらは，日銀当座預金口座の振替でオンライン処理がなされる。手形交換システムや全銀システムの説明で見たように，日銀ネットは，最

終的な決済を担う仕組みであり，わが国の決済システムの基盤をなすものである。

日銀ネットが基盤とする日銀当座預金決済の働きを，整理しておこう。
① 銀行間の取引先間における短期資金の貸借（主としてコール取引）
② 取引先間における国債売買の代金決済，および，日本銀行における振替国債の口座振替
③ 民間決済システムの受払尻の決済
④ 政府と日本銀行との間の資金受払
⑤ 紙幣や硬貨の出し入れ（銀行券受払）

日銀ネットのシステム基盤や対象業務・機能を見直し，「新日銀ネット」として新たなシステムを構築するためのプロジェクトを日本銀行が実施した。決済インフラのネットワーク化や金融取引のグローバル化，金融サービスの内容やニーズの変化などにより，日銀ネットを巡る環境が大きく変化し続けているなか，新日銀ネットを構築した。

新システムでは，稼動時間を拡大し，海外市場との決済時間帯のオーバーラップが確保され，国境をまたいだ資金決済が行われやすくなった。

2.3 わが国決済システムの特徴

いずれの国においても決済システムは，これまで説明されたように，金融経済活動を支えるインフラであり，とりわけわが国の決済システムの特徴として，次のような点を指摘できよう。

第1に，個人の資金決済に，現金利用のウエイトが依然として大きいことである。これは，たとえば，「現金通貨/消費支出」の比率を国際比較することから知ることができる。わが国で現金利用比率が高い理由には，治安の良さ，金融機関の店舗，CDやATMネットワークの充実などの要因が指摘される。個人の支払いに小切手が用いられることはほとんどなく，また，電子決済や電子マネーの普及が予想されることもあり，現金での決済は，今後減少していくも

のと予想される。

　第2は，預金口座を利用した自動引き落とし・振込制度の発達と，預金通貨の決済機能の拡大である。

　第3は，決済システムを担う金融機関の業務のエレクトロニクス化，ネットワーク化の進展である。これにより，大量の決済を効率的かつ低コストで処理可能になった。

第3節　決済リスクと即時グロス決済

3.1　決済リスクとリスクエクスポージャー

　ここで決済リスクの定義を与えておこう。決済リスクとは「何らかの理由により金融機関間の資金決済ができなくなり，それにともなって損害を被る可能性」と定義することができる。その原因と性質から，決済に関連するリスクは次のように整理される。

　第1は，「信用リスク」であり，相手方の財務状況等が悪化し決済不履行になった場合などに，その取引金額を現在および将来のいかなる時点においても受け取れなくなる可能性を指す。

　第2は，「流動性リスク」であり，将来時点では取引金額を受け取れるかもしれないが，予定した時刻（決済時点）には受け取れない可能性である。

　第3は，「オペレーショナルリスク」であり，狭義には事務ミスやシステム障害によって決済が困難化する問題を指すが，広義には，不正事件の発生やコンプライアンス体制の不備，評判の低下，災害などによって生じる決済不能のリスクをいう。

　第4は，決済システムに固有のリスクである「システミックリスク」であり，これは，1つの支払い不能によって他の金融機関の支払指図の決済が連鎖

的にストップし，ひいては金融システム全体の混乱に波及するリスクである。

このほか，決済システムのグローバリゼーションとともに一国内だけではなく，国境を越えたレベルでのシステミックリスクの波及が現実のものとなっている。「ヘルシュタットリスク」と呼ばれるものがそれであり，外為取引において2つの通貨を同時に決済しないとき，一方の通貨を渡し他方の通貨を受け取るまでのリスクである。

さて，本章でこれまで説明してきた決済システムが内包するリスクは，どのように定量化されるであろうか。

決済にともなうリスクの大きさを考察するとき，経済主体がリスクに晒されている度合いのことを，「リスクエクスポージャー（risk exposure）」と呼ぶ。これは，以下のように定義される。

「リスクエクスポージャー」＝（決済金額）×（時間）＝「未決済残高」

リスクエクスポージャーは，決済金額に，決済が終了するまでの時間の長さを掛け合わせたものとして定義され，それは，未決済残高に等しいものとして与えられる。決済リスクは，このリスクエクスポージャーに比例すると考えられるのである。リスクエクスポージャーに示されるリスクの程度を削減するには，上の定義式から明らかなように，1回あたりの決済金額を小さくするか，あるいは，決済までの時間を短縮することが必要である。

リスクエクスポージャーを削減するため，実務においては，決済システムにおける受渡し限度額の設定やネッティングの実施，ハイブリッド化（ネット決済とRTGSの混合），中央銀行による流動性供給システムやロスシェアなどで対応すべきことが指摘されてきた。

こうしたリスクの削減に向けた対策のうち，とりわけシステミックリスクの削減のために，近年，欧米やアジアの中央銀行でみられるのが「即時グロス決済（RTGS, Real Time Gross Settlement）」の導入である。RTGSでは，取引1件ごとに決済が行われるため，仮にある金融機関が支払い不能になってもすべての決済がストップする事態を回避することができ，システミックリスクの削減が期待できる。

3.2 時点決済から即時グロス決済への移行

　わが国中央銀行決済システムである日銀当座預金と国債の決済において，これまでの「時点決済」から，金融機関の資金のやりとりを1件ごとに処理する「即時グロス決済（RTGS）」が2001年1月に導入された。こうした決済方法の変更は，デフォルト発生によるシステミックリスクをなるべく小さくするためのものであり，欧米諸国では1980～90年代に導入がなされてきていた。

　日本銀行は2000年9月，システミックリスクへの支援策として日本銀行が民間金融機関に決済資金を無利子で貸出す「日中貸出制度」の内容を発表した。この制度によって，金融機関が借りたその日の内に返済できなければ，公定歩合（2000年9月時点，0.5％,）に6％を上乗せした懲罰金利を徴収するが，導入開始から半年間は罰則を緩和する経過措置がとられることになっていた。金融機関からの支払指図1件ごとに即時に決済されるRTGSに対し，時点ネット決済では，毎日一定の時刻（時点）まで取引先の支払指図が溜めておかれ，その時点での総受取額と総支払額の差額（ネット）のみが当座預金の振替で決済されるため，個別金融機関にとって一見資金効率が良かったからである。

　しかし，注意すべきは，時点ネット決済には大きな欠点があることである。1つの金融機関が支払い不能に陥ると，すべての金融機関の決済が停止して，当該金融機関の支払指図をすべて取り外したうえで，差し引き受払額の計算と決済を最初からやり直す必要がある点である。このように時点ネット決済では，1つの金融機関の支払い不能が決済システム全体に波及してしまうシステミックリスクが増すという脆弱性を抱えているのである。一方，支払指図1件ごとに即時に決済を行う即時グロス決済（RTGS）では，金融機関の債務不履行が発生したとしても，直接影響を受けるのは取引相手の金融機関だけであるため，システミックリスクを抑えることができるというメリットがある。

3.3 即時グロス決済から期待される効果

　次世代RTGSがもたらす効果は，単なる流動性の節約や時点ネット決済が内包するシステミックリスクの削減のほかにも，すくみの解消，日中エクスポージャーの削減，流動性ショックへの耐性向上，流動性に関する規模の経済等と，関連する効果は多岐にわたっている。これらの効果が充分に発揮されれば，決済に要する流動性の節約を実現しながら，リスクエクスポージャーの削減（安全性の改善）をも併せて達成することができるものと考えられる。

　海外の主要国の中央銀行におけるRTGSの採用についていえば，欧米，アジア，オセアニアの主要国中央銀行では，1980年代から1990年代にかけて次々にRTGSの採用に踏み切っている。米国では，1982年に，当座預金決済システム（Fedwire）が稼働する以前から即時グロス決済を行っており，時点ネット決済はもともと採用されていなかった。欧州では，1980年代後半にスイスやドイツでRTGSが採用されるようになり，欧州中央銀行制度（ESCB）を中心とする通貨統合のプロセスにおいて，RTGSが標準的な決済手法とされた。その他の欧州諸国も，おおむね1990年代末に移行を完了させている。アジアの主要国でも，1990年代後半からRTGS化を進めている。

　このように主要先進各国でRTGSの導入が進み国際標準化した背後には，時点ネット決済によって決済額を圧縮するのではなく，近年の金融技術革新によりネットワーク上で巨額な資金を瞬時に移すことが可能となったことがあり，これによってもっとも安全な決済方法が可能になったといえよう。

　一般にRTGSでは，時点ネット決済に比べ多くの手元資金が必要となるため，日本銀行は新たな枠組みを提示している。具体的には，日本銀行は，当座預金取引先に対して日中当座貸越を実施すること，すなわち，金融機関からあらかじめ差し入れられた担保の範囲内で，日中無利息で当座貸越による資金供給を行うことを決定した。その結果，金融機関は，資金の受けと払いのタイミングのずれから生じる一時的な資金負担を軽減できることになった。

　RTGSへの移行は，時点ネット決済方式が内包していたシステミックリスク

を削減することを主眼とする措置であった。移行後の決済実績から評価してみれば，RTGS移行にともない当座預金や，国債の決済が1件ごとにグロス取引で行われるようになったことで，システミックリスクは，大幅に削減されたことが確認できるといわれている。

第3章 金融システムの機能と資金貸借

第1節 金融システムの機能

　銀行や証券会社などの専門の金融機関を媒介とする金融取引とは，どのような経済行為であろうか。本書では金融取引を広く解釈して，金融の機能を，資金の貸借ならびに金融資産・負債の流動化・証券化，と定義しておこう。

　資金貸借活動において重要な役割を果たすのは，銀行や証券会社，保険会社であり，広く預金者から預金を集め，企業への融資や各種の債券購入などの資金仲介という役割を果たしている。これらの金融機関がどのような経済的機能を果たしているかということと，資金循環の仕組みを理解することが，本章の目的である。なお，近年盛んに行われるようになってきた，金融資産・負債の流動化や証券化については，章を改め，銀行行動を扱う次の第4章で解説しよう。

　金融取引には，資金余剰部門から資金不足部門へ資金を効率的に配分することが求められる。さらに後に説明するように，金融取引にともなってくる借り手と貸し手との間に存在する「情報の非対称性」という問題を克服し，取引の効率性を高めることが求められている。

　金融という働きは，資金の貸し手と借り手の間での資金の貸借であるが，金融の果たしている役割は，次のように理解できる。

　第1は，資金の移転であり，資金余剰の状態にある投資家から資金不足である企業に効率的な資金仲介を行うことである。第2は，資金の仲介にともなうリスクの移転である。すなわち，経済主体がどのようなリスクに直面している

かというリスクエクスポージャー（risk exposure）を変更する機会を与えることである。第3は，規律付けと情報の問題である。金融の契約（負債契約）の履行を確かなものにするには，金融機関による継続的なモニタリングを通じて借手企業の規律付けが必要である。金融機関は，融資の前には審査し，さらに融資の後は，貸出先企業の経営を効率的にモニターする機能を果たしているものと考えられており，そのような働きは，近年精力的に研究がなされてきた「企業統治（コーポレートガバナンス）」に通じる意義があるものと評価されている。これは，わが国のメインバンクに期待された機能でもある。

　金融取引の類型には，「相対型金融」と「市場型金融」という分類があり，また，「銀行中心」か「資本市場中心」という見方もある。本章では，金融取引という経済活動を理解するにあたり，ガーレイ＝ショーの行った分類に倣い，これを直接金融と間接金融という2つの形態に分類して解説していく。

第2節　直接金融

　資金貸借のうち本章でまず説明する「直接金融（direct finance）」とは，資金を必要とする借り手企業が，金融機関を通さずに，市場を通じて株式や社債などの有価証券を各種の金融資本市場で発行して，資金余剰の家計などから直接資金を調達することをいう。端的にいえば，直接金融という金融取引の形態は，個人投資家や機関投資家が，証券市場において本源的証券である株式，社債などの債務証書（IOU）を購入することで資金貸借が行われることである。

　こうした企業の資金調達の仕組みを国際比較すると，国ごとに異なることはよく知られており，アメリカやイギリスが，直接金融優位の国として類型化されている。

　この直接金融の仕組みを担うのは，欧米諸国では投資銀行であるが，わが国では証券会社なので，まず直接金融を担う証券会社の機能を解説しよう。

　企業など，資金が不足している経済主体を最終的借り手といい，そこが発行

する債務を「本源的証券（primary security）」という。直接金融という金融の形態は，個人投資家や年金基金，生保や投資信託などの機関投資家が，証券市場において本源的証券である株式，社債，CP（コマーシャルペーパー）など，企業が発行する各種の債務証書（IOU）を購入することで資金貸借を行うことである。ここで本源的証券である株式は，企業に元本の返済義務のない出資証券であり，社債は，銀行借入と同様に返済義務のある債務証書である。短期資金の調達手段であるCP（コマーシャルペーパー）は，新しい金融商品で，金融市場で信用力の高い主要企業が短期資金のファイナンスのために発行するものである。

資金の取り手である最終的借り手は，所得よりも支出が上回っている資金不足となっている経済主体で，赤字主体あるいは投資超過主体という。一方，資金の出し手である最終的貸し手は，所得が支出を上回っている資金余剰となっている経済主体で，黒字主体あるいは貯蓄超過主体をいい，金融システムを通じて資金を供給する役目を担っていることになる。

2.1 証券市場と証券会社

（1）証券会社の経済的機能

直接金融の仕組みや経済機能を解説するまえに，直接金融という資金仲介を担う証券会社の経済機能を解説しよう。日本では，直接金融に従事するのは証券会社であるが，欧米では，証券と銀行の両方の業務を行う投資銀行と呼ばれる金融機関がこれを行っている。

直接金融において主要な役割を果たす証券会社の経済機能は，次の3つの役割に整理できる。

第1の経済機能は，「アンダーライター（underwriter）」としての機能である。これは，発行市場において証券会社が行っている資金調達に関わる業務である。証券会社は，自己責任（勘定）において証券をいったん引き受けて，最終的貸し手である投資家に売却することによって証券売買の仲介を行うことで

ある。これは引受会社としての機能であり，発行市場での機能である。証券会社のアンダーライターとしての働きは，企業が自己資本を増やすために新株を新たに発行する増資や，新規株式公開（IPO, Initial Public Offering）にも関わるものである。

　第2は，「ブローカー（broker）」としての働きである。これは，証券会社が流通市場において行っている業務であり，既発証券の売買取引の仲介である。これを委託売買という。証券会社は，投資家からの売買注文をこなすブローカーとしての仲介業務に携わることから手数料収入を得る。

　第3は，「ディーラー（dealer）」であり，流通市場で証券会社が自ら証券の売買を自己勘定で行うことである。これを，自己売買あるいはマーケットメイカーの機能という。ディーラーとして市場取引に参加することで取引の拡大につながるが，証券会社は「信用リスク」や「市場リスク」を負担することになる。

（2）　証券市場の機能

　次に，直接金融の場である証券市場を2つに分けて論じよう。なお，証券市場というとき具体的にどのような市場があるのかについては，公社債市場や株式市場を扱う第7章で解説する。

　株式や社債が取引される証券市場は，発行市場（primary market）と流通市場（secondary market）から構成される。発行市場は，最終的借り手である企業が発行する本源的証券を発行・売却する市場である。このような市場が存在することによって，企業はまとまった額の資金を調達することが可能になり，最終的貸し手の貯蓄を最終的借り手である企業の設備投資である資本形成に導くことができる。流通市場は，既発行証券が売買される市場であり，この市場には，次のような2つの働きが考えられる。

　第1に，取引対象となる証券に「市場性」や「流動性」を与えることであり，これによって，投資家は長期投資資金を流動化する機会が与えられる。投資家は必要に応じて流通市場でそれを売却することができるので，償還期限（満期）を待たずして資金を流動化することができるし，一方，証券の発行者である企業にとっても，満期まで償還する必要がないという利点がある。この

ために，ファイナンス（資金調達）の機会が拡大し，ポートフォリオ（資産選択）変更の機会が与えられることになる。投資家にとってみると，投資の選択期間の余地が拡大し，満期の長い資産保有の機会を与えることで，発行市場を通じてより多額の債券の発行を可能にする。

第2に，流通市場において証券価格が時事刻々の売買によって再評価されることで，資産選択・調達のシグナルが得られる。流通市場で形成される証券価格は，発行市場での資金調達に対して情報を与えるものであって，企業の投資計画において流通市場で成立している証券の市場価格は重要な役割を演じている。

そこでさらに，流通市場を2つの市場に分類する。

まず第1は，「取引所市場」である。ここは，競売買市場（auction market）としての取引がなされる市場であって，市場参加者を特定の会員である証券会社に限定して，上場基準を満たした株式の集中売買がなされる市場である。資金調達する上場企業には，財務情報を正確に開示（ディスクロージャー）することが義務付けられる。現在わが国では，東京証券取引所をはじめとする証券取引所と，新興市場であるジャスダック市場などにおいて，活発な取引が行われている。

第2は，「店頭市場（OTC, over the counter）」である。個々の証券会社の店頭で行われる取引で，様々な証券を投資家と売買する。現在，わが国ではほとんどの公社債流通市場は，店頭市場である。これは，たとえば国債についていうと，発行されている国債の種類は膨大であり，1つ1つの銘柄を取引所で売買するのにはなじまないからである。

2.2 直接金融における情報生産と格付け

資金貸借において，貸し手である投資家は，借り手である企業がどのような投資プロジェクトをもっているのかについて十分な情報を保有していない。企業によるディスクロージャー（情報開示）は通常必ずしも十分とはいえないため，借手企業が，収益が高くともリスクの高い投資を行っているのかどうなの

かについての情報が，広く市場に流布しているわけではないからである。資金を運用する立場にある最終的貸し手がとりわけ個人投資家のときには，専門的知識を持たないがために，保有する情報量は相対的に低位であろう。国の債務証書である国債は，その償還原資が税金である安全資産であるがゆえ，情報生産の必要性は少なくて済むが，企業が広く投資家から資金調達を行う社債などには，情報の非対称性が無視し得ないものと考えられる。直接金融においては，投資家が企業などの発行した各種の債券などを購入するため，企業がデフォルト（債務不履行）に陥った場合は，リスクを直接的に投資家が引き受けることになる。

そこで，直接金融においては専門の経済主体が専ら情報生産を行い，これを広く投資家に与えることが必要になってくる。専門の民間企業として登場するのは格付け機関であり，これによる「格付け (rating)」は，債券のデフォルトリスクを示す指標であって，社債や国債など債券の投資判断材料になるものである。言い換えれば，格付けは，情報の非対称性を緩和する情報を広く投資家に提供し，資本市場の効率性の向上を図る投資情報である。

金融実務において格付けは，一般に社債のデフォルト可能性や債券を発行する発行体の信用リスク，すなわち，債務の返済が行われないリスクをアルファベット記号を用いて与える指標である。格付けは，直接金融の資金調達の場において，借り手と貸し手の間に存在する情報の非対称性を減らす機能を果たしている。

格付けはアメリカで始まり，わが国では1980年代半ば以降から本格的に始まった。格付けの対象は，社債や転換社債やワラント債などである。また，デフォルトリスクの差異は，格付け格差を反映した銘柄間の利回り格差に現れ，とくに債券の中でもっとも安全な資産と評価される国債との利回り格差である「イールドスプレッド」が注目される。このように，信用リスクの情報を提供する格付けは，証券市場において重要なものである。

わが国では，投資家保護を目的として，戦後一貫して社債発行は厳しい規制下にあったが，1990年代以降の金融自由化措置により，本格的な社債ファイナンスの時代が到来した。情報の非対称性を補う格付けに対する関心が高ま

り，社債，CP（コマーシャルペーパー）など発行が増加した。さらに，事実上社債発行を規制する働きがあった「適債基準」が撤廃された（1996年）ことなどにより，自由な債券発行が可能になるなど，投資家にとり情報開示が求められるようになったため，債券のデフォルトリスクを示す格付けに対する需要が高まった。

格付けが本格的に行われて市場で観察されたのは，債券の信用度に基づく格付け格差を反映して，銘柄間の利回り格差が生じるようになったことである。発行企業は，高い格付けが得られれば市場で高い信用を得たことになり，低金利での社債発行が可能になるため資金調達コストを下げることができるようになる。

格付けには，社債のリスクを表すものの他に，国債の発行体である国家の信用リスクを示す格付けである「ソブリン格付け」や，コマーシャル・ペーパーなどの1年未満に返済される債務に対して格付けをした「短期債務格付け」がある。とりわけ国家財政が懸念されて「ソブリン格付け」が引き下げられると，国債価格が暴落するとともに，その国の通貨価値（為替相場）が減価したり，短期資本が流出したりする事態に陥ることが考えられる。

格付けはリスクの大きさを示す投資情報であるが，その前提条件となる情報や債券の仕組みの理解が不十分であれば，その評価は混乱を招くことになる。2008年のサブプライムローン問題による金融危機の発端は，証券化された住宅ローンに対する審査が不十分であったことによるものである。

また，格付けを作成するプロセスは，格付け会社が，証券の発行体（資金調達者）から料金を徴収して，そこの企業が発行する証券の投資適格性を審査したうえで，これを公表しているものである。したがって，格付けには，利益相反の問題がともなうことに注意すべきである。発行体企業は報酬を払って格付け会社から格付けを受けるため，格付け評価が甘くなる傾向があることが指摘されている。

2.3 クレジット・デフォルト・スワップ

近年，オプションの仕組みを利用して債券などの信用リスクを売買する「クレジットデリバティブ」市場が拡大している。

クレジットデリバティブの1つである「クレジット・デフォルト・スワップ (CDS)」は，社債の発行体企業や資金の貸出先などが倒産して，債権が回収できなくなるのを避けるため，リスクの引き受け手（CDSの売り手）に保証料（プレミアム＝CDSの価格）を支払う代わりに，対象企業が債務不履行になったら元本を保証してもらうという，オプション（選択権）の性質をもつ「クレジットデリバティブ」の1つである。言い換えれば，社債の発行体企業や資金の貸出先などが倒産して，債権が回収できなくなるのを避けるために保険をかける仕組みである。そのため，発行体の信用度が低下すれば，プレミアムも上昇することになる。

CDSは，格付けと関連して，現在，国債や社債の信用度を図る尺度として，市場が注視している重要な指標の1つである。この保証料率が上昇するときには，市場は信用リスクが高まっていると認識していることを示している。保証料率が下がれば，信用リスクの評価が下がっていることを意味し，投資家のリスク許容度が改善し，社債市場では国債との金利差（スプレッド）の縮小などの変化がみられる。2011年のギリシャの政府債務問題による欧州の金融不安の問題でも，CDSの動きが注目された。

2.4 証券市場における情報の効率性

前節では，証券市場での情報生産について格付けの重要性を指摘したが，それとともに，証券価格が関連する情報をどれだけ正確に反映しているかということも重要になってくる。本節では，証券市場の仕組みから少し離れて，証券市場の情報効率性という点について解説する。

市場参加者が情報集合を完全に知り尽くしていて新たに超過利潤を獲得でき

ないとき，市場は情報に関して効率的という。このような議論は，市場で取り引きされる証券に関する情報が，どれだけ証券価格に顕示されているかを問題にしているもので，「効率的市場仮説（EMH, Efficient Market Hypothesis）」という。

効率的市場仮説の考え方には，市場が証券価格に関連する情報を反映する程度に応じて3つの異なる形式がある。

第1は，「ウイーク・フォーム（weak form, 弱基準）」である。これは，証券価格が過去の関連情報をすべて反映するとき，ウイークフォームの効率性を満たすという意味で市場が効率的であるという。ほとんどの証券市場では，ウイーク・フォームの意味での効率性は，成立しているものと考えられている。

第2は，「セミストロング・フォーム（semi strong form, 準強基準）」で，利用可能な公開情報が直ちに証券価格に反映されるとき，セミストロング・フォームの効率性を満たすという意味で，市場が効率的であるという。この基準が満たされるときには，証券価格は関連する情報が発表されると同時に変化するという現象が生じる。外貨の売買が活発に行われる外国為替市場は，このセミストロング・フォームの意味で効率的であるといわれている。

第3は，「ストロング・フォーム（strong form, 強基準）」で，内部情報（インサイダー情報）すら市場価格に反映されるとき，ストロング・フォームを満たすという意味で市場が効率的であるという。これは市場の効率性を考えるときに，もっとも強い効率性概念に相当する。

さて，このように証券市場の効率性を定義すると，証券価格に何らかのシステマティックな変動パターンが存在していれば，投資家はそれを利用して超過利潤を得ることができるであろう。もし，市場が効率的であるとするならば，証券価格は時系列的に「ランダム・ウォーク（random walk）」という確率的な性質の動きを示すことになる。そして，関連する情報がすべて現在の市場価格に示されているがために，既に予想されている事態に関する価格の反応は価格に織り込み済みになっていて，市場参加者には全く予期されなかった現象やニュースが発生したときに限ってのみ価格変動が生じることになる。

また，証券価格がランダムウォークに従うときには，来期の証券価格の動き

は，平均的には今期のものと一致し，このとき，投資家は超過利潤を得ることはできないという含意が得られる。と同時に，市場取引に無視しえない取引費用をともなうとすれば，それは市場の効率性の成立を阻害する要因となる。

このような効率的市場仮説が成立するとした場合，たとえば，株価はいわゆるファンダメンタルズ（基礎的条件）に基づいて決定されているとすれば，株価の変動は市場で予想されなかったサプライズの事態が生じたときに発生することになる。ということは逆に，過去の株価の動きに基づくテクニカル分析（罫線）によって有意に利益をあげることができれば，そのときには株式市場は効率的ではないことになる。

また，同様な考え方は，株式市場と同様に関連情報に敏感に反応すると理解されている為替レートの動きを理解する際にも，適用される。銀行間市場（インターバンク市場）である外国為替市場では，外国為替の売買が日々活発に行われており，為替レート水準の決定に関連する情報が開示されると，それが瞬時にして現在の為替レート水準に反映され，価格変動が起きる。

たとえば，政策金利の引き下げという金融緩和への政策スタンスの変更は，もしそれが実現すれば通常の状況では市場金利全般が下落し，それにともなって為替レートが円安に振れる（減価する）ことが予想される。しかし，そうした政策変更が十分に市場参加者に行き渡っているとすれば，為替レートや市場金利はこの情報を織り込み済みであるといわれ，実際に政策金利が変更されても，その時点では為替レートや市場金利は何ら変化を生じないことになる。

こうした外国為替市場の効率性にまつわる議論は，為替レートの「ニュース分析」と呼ばれていて，経済変数に関する情報の開示としてのニュースが為替レートの（短期的な）変動に有意に影響を及ぼすかを問題にしている。

第3節　間接金融

3.1　間接金融と資産変換機能

　間接金融（indirect finance）とは，銀行，保険，信託などといった金融仲介機関を通じた資金貸借関係をいう。間接金融を通じた資金貸借においては，金融仲介機関が，企業など資金調達を望む最終的借り手が発行する債務である「本源的証券」を購入する一方で，金融仲介機関自らが「間接証券」を発行し，最終的貸し手から資金を集める。

　ここで，間接金融を行っている金融機関として具体的には銀行や保険会社などを想定しているので，金融仲介機関が発行する「間接証券」とは，銀行預金，保険証書，投資信託証書などである。銀行が発行する預金は，間接証券として資金仲介の機能に関わると同時に，先に決済システムを論じた第2章でも述べたように，決済サービスを提供する重要な役割を担っている。

　また，金融取引は，現在所得と将来所得を交換するという異時点間にまたがる取引であって，将来における元利合計支払の受取にリスクをともなうとき，貸し手になんらかの危険負担が求められることになる。

　金融機関が発行する預金などの「間接証券」には，「本源的証券」と比較して，次のような際立った特徴がある。第1に，銀行預金は，返済や利子支払いが安全で確実な資産である。現在わが国では，第14章で解説するように，預金保険制度により1,000万円までの預金には元本保証がともなっている。第2に，分割可能性が高いために，比較的小額でも購入が可能である。第3に，収益率が低いものの「流動性」が高く，貨幣への交換が容易である。

　このように，「本源的証券」から，安全で流動性の高い「間接証券」を作り出す金融仲介機関の経済機能は，「資産変換機能（asset transformation）」と呼ばれる。これら3つの特性を有する間接証券が介在することによって，直接金

融による証券市場から調達するのとは違って，はるかに多くの資金を，貸し手から借り手へ導くことが可能になる。借入期間（満期）の短い債務を発行して最終的貸し手から資金を集め，それを，最終的借り手の発行する満期の長い証券の購入に充てることを可能にするという特殊な役割である。

また，資金貸借は，ミクロ経済学で学ぶような整備された市場での取引ではなく，借り手と貸し手との間での相対取引である。貸出額は，金利や担保などと共に決定される。

企業の資金調達の仕組みが国によって異なることを直接金融との関連でいえば，日本やドイツが間接金融優位のシステムをとり，銀行借り入れに基づく資金調達の比率が高いことが知られている。

3.2 金融仲介機関の経済機能

預金者から広く預金を集め，企業に融資を行う銀行を始めとした金融仲介機関の経済的な役割は，以下の3点に整理して理解できる。

（1） 規模の経済を利用したリスクの削減

間接証券の存在は，多様な資産へ投資を分散することでリスクを低めるうえで有効であろう。個人の投資家ではこうした分散投資を行うには，それに必要な売買や債権の管理などに費用がかかるであろうし，何より専門的な知識が必要とされる。金融仲介機関は，自ら間接証券を発行して資金を投資家から調達し，規模の経済を利用して保有する資産（＝貸出債権）を分散投資することによって，安全性の高い資産を作り出すことが可能になる。

間接金融の担い手である金融仲介機関は，資産変換機能を通じて最終的貸し手（預金者）が負担するリスクを軽減し，流動性の増大を実現している。

（2） 満期変換

最終的貸し手である預金者は，比較的短期の資金運用（保有）を望むことが多く，そのような主体にとって満期の長い本源的証券は不便である。とくに，

将来売却が可能であるかどうかは問題であり，さらにその売却価格には不確実性をともなう。そこで，専門的な組織である金融仲介機関が供給する間接証券は，短期の資金運用（保有）を望む投資家の望みを実現するものになる。

このように，満期の変換機能においては，それにともなう「金利変動リスク」を金融仲介機関が負担していることを意味している。

かつて各種の金融規制が施されていたわが国では，業務分野に関する規制に「長短分離規制」が存在していた。この規制のもとでは，たとえば，長期信用銀行は，企業の設備投資に向けて長期資金の貸付に専門化していたため，銀行預金よりも長期の満期をもつ金融債を発行して融資資金を調達することができた。そしてこの金融債の表面金利をもとに，貸出金利の基準になる（長期）プライムレート（最優遇貸出金利）が決定されていた。

(3) 情報生産

金融仲介機関は，借り手企業の信用度判定などの情報の収集や分析に専門的組織としての優位性を有している。借り手が企画している投資プロジェクトや信用の度合い（creditworthiness）を審査することを，資金の借り手に対する情報を生産するという。これは，銀行の審査能力ともいわれる。

一般に，取引される財の品質について経済主体の間に情報の格差が存在するとき，これを解消するには2つの方法がある。情報優位者（借り手）がみずから情報を発信するやり方（これを「シグナル」という）と，情報劣位者（貸し手）が自ら調査・解析することで借り手に関する情報を獲得する方法（これを「情報生産」という）がある。ここで考察している金融機関の情報生産という独特な働きは，後者のやり方に対応している。

金融機関はこの情報生産機能によって，借り手の審査費用，担保設定などリスク管理に関わる取引費用の削減をはかる。さらに融資後は，預金者に代わって企業を，モニター（監視）しているという重要な働きがある。

第4節　資金循環と金融取引

　一国の資金循環の構造と金融・実物資産の保有状況に関する情報を与えてくれるのが，「資金循環表」である。
　わが国の金融システムは，戦後一貫して，資金偏在ならびに間接金融優位という資金循環構造の特徴を指摘されてきた。膨大な貯蓄をもって資金供給の役割を果たしてきた家計部門は，資金余剰部門であり，マクロのISバランスにおいて大幅な貯蓄超過であった。これを吸収する形で政府赤字と対外経常黒字が生じている図式がこれまで続いてきた。企業部門は，内部資金の充実，有利子負債の返済などのバランスシート調整を本格化したことによって90年代後半から，資金不足部門から資金余剰部門へと変化し，企業部門の財務体質は改善されている。現在わが国で資金不足部門は，政府部門と海外部門である。資金循環表をみることで，このようなことが理解できる。

4.1　資金循環表

　一国の経済活動を把握する統計の体系である「国民経済計算（SNA体系）」は，国民所得勘定，産業連関表，国際収支表，国民貸借対照表，ならびに資金循環表から構成される。
　本章で解説する「資金循環勘定（マネーフロー表）」は，一定期間の資金循環の構造を見るため，経済各部門間の資金の流れと債権・債務関係を鳥瞰する統計である。そして，一定期間における金融資産保有の増減を記述することで，一国の資金循環の実態が明らかにされる。
　各経済部門（主体）の実物面の貯蓄・投資のギャップは，金融面の資産・負債の変化である資金過不足に反映される。貯蓄が投資を上回る主体では，金融資産の増加が金融負債の増加を上回ってネットで金融資産が増えていき，他の

経済主体に資金供給する資金余剰部門になる。

　J.M. ケインズに従うと，資金の流れは，財・サービスの取引の反対給付による金の流れである「通貨の産業的流通」と，貸付・資産の売買取引にともなう金の流れである「通貨の金融的流通」とに分類される。このうち後者が，資金循環表が対象とするものである。

　「資金循環表」は，「金融取引表」と「金融資産負債残高表」から構成される。このうち前者の「金融取引表」は，経済の各部門の一定期間（1年間）における資金の流れ（金融フロー計数）を記録するものであり，部門別に資産負債の増減（変化）と資金過不足が記録されている。各部門（政府，金融，企業，家計，海外）の資金過不足がどのような金融取引によって調節されたかを表したもので，貨幣の金融的流通を把握する。後者の「金融資産負債残高表」は，ある時点における金融資産・負債の残高（金融ストック計数）を部門別に一覧化して記録したもので，金融取引の結果として成立した資産負債ポジションを示したものである。

　金融資産は，対外資産を無視すれば債権債務が国内で互いに相殺されてゼロになるので，正味資産だけが「国富」として計上される。ここで，「国富」とは「国民貸借対照表」に示されるもので，正味資産と対外純資産から構成される。対外純資産の残高は，累積経常収支黒字を反映し，これは，わが国が，対外的に資金を供給して保有する債権の大きさを意味している。国富については，後に 4.4 で説明する。

　さて，資金循環表を読むことにより，われわれはどのような情報を得ることが可能であろうか。

　まず第1に，資金循環表により，各部門の資金調達方法が明らかになる。法人企業部門の投資超過がいかなる形で賄われたか，さらに，個人家計部門の資金運用を把握することが可能となる。ただし企業間信用以外の部門内取引は，相殺されているため，資金循環表には現われない。内部留保や減価償却によるファイナンス（自己金融）も，企業部門内の貯蓄投資取引のため，金融取引としてマネーフロー表では把握できない。

　第2に，資金循環表の情報から，わが国の直接金融・間接金融の度合いが分

かる。わが国は、これまで長く「間接金融優位」の構造にあったことが指摘されてきたが、近年の金融自由化とフィナンシャルディスインターミディエイションの進展によって、金融構造が変化していることは広く認識されている。継続的に資金循環表を考察することで、一国の金融構造の変遷を探ることができる。

第3に、資金循環表から見いだせる金融システムの重層化という点から、その国の信用機能の発達度を見出すことができる。

第4に、このような利点があるものの、資金循環表は、データから金融取引を事後的に表現したものにすぎない。したがって、資金循環表そのものから家計や企業など各部門の最適化行動を明らかにしたり、将来の資金循環構造を予測することはできない。また、資金循環表では、各部門内の間での資金フローがネットアウトされているため、正味資産の変化分であるフローだけが計上されている点にも注意が必要である。

第5に、資金過不足とISバランスの理解にも資金循環表が利用できる。一国経済を家計、企業、政府、海外の4部門に分けると、それらの貯蓄投資バランスは、裏側の資金余剰不足に対応するので、各部門の予算制約式の恒等関係から、マクロ経済学で学ぶISバランス式を導出することができる。

4.2　わが国の金融構造

資金循環構造の現状についていうと、わが国では1980年代以降、家計部門で高い水準の資金余剰が続いていて、依然として主たる資金余剰主体である。民間非金融法人企業では、設備投資の活発化等を背景に資金不足が拡大傾向にあり、国内非金融部門の金融資産・負債残高（ストック）も、フロー変数の動きとともに、バブル経済の下、株価など金融資産価格の上昇で大幅な伸びとなった。

一方、1990年代に入ると、家計は依然高水準の資金余剰にあったが、民間非金融法人企業は、設備投資を圧縮したため資金不足を大幅に縮小させ、一般政府は、税収の減少や公共投資の増加を背景に、資金不足に転化した。さらに90年代半ば以降になると、家計部門は貯蓄率の低下によって資金余剰幅を縮

小させ，一般政府が，税収減や社会保障関連費の増大などから資金不足幅を一段と拡大させた。なお，民間非金融法人部門では，高水準の資金余剰を背景に，2003年度の金融資産・負債残高の差額（負債は株式・出資金を除く）が，1989年度以来のプラスに転じており，金融面でのバランスシート調整が進捗しているという特徴がみられる。1980年代以降，最近に至るまで，一貫して金融仲介機関を通じるものが中心となっており，国内非金融部門による直接運用・調達の占める割合は小さい。また，2000年度頃から2003年度にかけて郵便貯金への流入が減少したことや，財政融資資金が縮小したため，公的金融部門のウエイトは低下している。

4.3　金融連関比率

金融連関比率について解説しよう。いま記号を，F：総金融資産＝本源的証券＋間接証券，K：実物資本ストック，とすると，金融連関比率（FIR, Financial Intermediation Ratio）は，FIR＝F/Kと定義される。

定義から明らかなように，閉鎖経済では外資による投資資金の調達がないため，金融連関比率FIRは，1≦FIR≦2という値をとるはずである。この定義から分かるように，資本形成をすべて本源的証券によって賄うとすると，金融連関比率は，理論的には1になる。逆に，すべてを間接金融にゆだねると，金融連関比率は2になるものと予想される。

金融連関比率は，とくに経済発展における金融構造の変化を捉える1つの基準として注目される指標であり，これを計測することにより，経済成長にともなって金融資産が蓄積され（金融深化），かつ多様化されていくことが把握できる。金融連関比率は，外部金融や間接金融への依存や重層化の度合，各部門の流動性の状況，実物資産の蓄積の度合などに依存し，間接金融比率の上昇にともなって，上昇していく傾向が確認できる。

4.4 国　　富

「国富」とは，国民貸借対照表におけるストックとしての富をいう。様々な対外資産を無視すれば，債権債務が国内で互いに相殺されて金融資産の価値はゼロになり，正味資産だけが国富として計上されるので，国富は，有形資産，無形資産と対外純資産から構成される。このうち，有形資産は，再生産可能な資産として在庫，住宅，建物などから構成されており，再生産不可能な資産として，土地などの資産がある。無形資産には著作権やコンピュータソフトなどがある。わが国では，国富のうち土地の占める割合が高く，したがって，地価変動の影響を受けやすかったという傾向がある。このため，バブル崩壊によって国富が大きく変動し，地価の下落によって国民の資産の多くが失われた。

平成27年の国民経済計算によると，個人や企業も合わせた国全体の正味資産である「国富」は，前年比0.4％減の3,290.2兆円であり，4年ぶりに減少した。固定資産が1,735.6兆円，土地が1,145.4兆円，対外純資産は339.3兆円だった。

対外資産についていうと，わが国はこれまで世界有数の対外債権国であり，諸外国に対して資金供給を行っていることが分かる。累積経常収支黒字によって形成される対外資産は，外貨準備，IMFのSDR（特別引出権），証券投資，直接投資などから構成される。

また，「外貨準備」は，通貨危機などによって他国に対して外貨建債務の返済などが困難になった場合や，通貨当局が対外債務の支払い，外国為替相場の安定のために行う為替介入等の原資として保有する準備資産である。その内訳は，外貨資産（預金，証券等），IMFリザーブポジション，SDR，金などとなっている。わが国では，財務省（外国為替資金特別会計）と日本銀行が外貨準備を保有しており，その総計は，財務省が「外貨準備等の状況」（月末残高，ドル建て）で毎月公表している。より具体的には，外貨準備は，日本の経常収支黒字を元に入ってきたドルを，特別会計がFBを発行した資金で獲得したものであり，したがって，外為特別会計のバランスシートの貸方（負債勘定）には，円資金の借入がある。

第4章 金融制度と銀行行動

第1節　わが国の金融制度

　本章では，わが国の金融制度と銀行行動について概観することにしよう。
　資金の貸し手と借り手の間での資金貸借である金融の役割は，次のように理解できよう。
　第1は，資金の移転である。先に第3章で述べたように，資金余剰の状態にある投資家から，資金不足である企業に効率的な資金仲介を行うことである。
　第2は，資金の移転にともなうリスクの移転である。すなわち，経済主体がどのようなリスクに直面しているかというリスクエクスポージャー（risk exposure）を変更する機会を与えることである。
　第3は，規律付けと情報の問題である。金融の契約（負債契約）の履行を確かなものにするには，金融機関による継続的なモニタリングを通じて借り手企業の規律付けという機能が必要である。金融機関は資金仲介にともない，融資先企業をモニタリングしてその経営を効率的にモニターする機能を果たしているものと考えられており，そのような経済的な働きは「企業統治（コーポレートガバナンス）」に通じる意義があるものと評価されている。わが国ではメインバンクに期待された機能でもある。

1.1　高度経済成長期からの金融システム

　戦後の復興期から高度経済成長を実現した1970年代までのわが国では，日本全体の金融システムは恒常的な資金不足の状態にあった。このため，日本銀行は銀行に資金（ハイパワード・マネー）を供与し，銀行がこれを企業に貸し出すという間接金融方式が支配していた。高度経済成長後も，わが国ではおおむねこの間接金融方式が維持された。信用度の高い主要な大企業は，国内外の資本市場で株式・社債などを発行することで資金調達することができるようになったにもかかわらず，銀行の数は減らなかった。

　わが国の金融システムの特徴をつかもうとするとき，戦後の金融システムを4つのキーワードで概観することができよう。

　第1は，「間接金融優位」であり，資金の流れが金融資本市場を通じるものよりも，金融仲介機関（銀行）を通じるものの方が主であったことであり，銀行などの金融機関を経由する資金供給が圧倒的であったことをいう。

　第2は，「オーバーローン」であり，銀行が常に与信超過の状態にあり，かつ，銀行が，融資資金の大部分を日本銀行借り入れに依存していた状態を指している。

　第3は，「オーバーボローイング」であり，借手企業の資金調達がもっぱら銀行借入に依存していたことをいう。

　第4は，「資金偏在」である。これは，恒常的に与信超過である都市銀行と，受信超過である地方銀行・相互銀行・信用金庫などに民間金融機関が二極化していて，これら両者がインターバンク（銀行間）市場において，地銀などから都市銀行への一方的な資金の流れが定着していたことをいう。

　このような金融システムの類型化とともにわが国では，金融機関に対して，業務分野規制，金利規制，参入規制，店舗規制など様々な「競争制限的規制体系」が敷かれていた。そして，「護送船団方式」と呼ばれるように，もっとも経営効率が悪い金融機関でも破綻しないような金融制度が構築されていたのである。なお，こうした銀行規制の体系については，第14章で解説する。

さらに，専門金融機関制度と公的金融（財政投融資，政府系各種銀行，公庫，郵貯ほか）との並存という点が指摘できる。

わが国では，フェアー，フリー，グローバルを標榜する「日本版ビックバン」と呼ばれる金融自由化の流れのなか，企業の銀行離れ（フィナンシャルディスインターミディエーション）が起きて銀行依存度が低下し，金融資本市場からの調達が盛んに行われるようになった。企業はエクイティファイナンス（新株発行をともなう資金調達）を積極的に行い，財務体質の良好な企業は，自由に資金調達を行うことが可能になった。このため，格付けの高い優良企業は，銀行からわざわざ借入を行わなくとも低い金利で市場から資金調達が可能になり，たとえば，CP（コマーシャルペーパー）の利用が1987年からできるようになるなど，短期資金の調達も容易になった。

自己資本の増加につながる株式発行（増資）や，転換社債やワラント債など，オプションの性格を持つ社債が1980年代に多く発行された。企業はまた，財テクと称して資金運用を盛んに行っていた。一方，金融市場の整備と自由化の進展によって，銀行も自由金利での資金調達割合が増し，これに対応してスプレッド貸出が増加した。

近年では，①企業の資金調達パターンの変化，②株式持合いの解消傾向とメインバンクシステムの見直し，③機関投資家の役割の増大，④金融技術革新（証券化や金融派生商品（デリバティブ）），などが指摘できる。

これらの変化は，いずれも日本の金融システムを，間接金融中心である銀行型金融システム（bank-based financial system）から，直接金融への変革，さらには，本章第5節で解説する「市場型間接金融」と呼ばれる市場型金融システム（market-based financial system）の変化に通じるものであることを意味している。

1.2 銀行の形態

銀行には様々な形態がある。まず，商業手形の割引をすることで資金の融資を行う銀行を「商業銀行」という。事実上証券会社と同じ機能を果たす銀行を

「投資銀行」という。また，現在ドイツで採用されている，銀行と証券会社の双方の仕事をする銀行を「ユニバーサルバンク」と呼ぶ。

　わが国の銀行の形態は，欧米諸国のそれとは異なっている。わが国では，銀行は普通銀行と呼ばれ，大都市で主に営業を行う都市銀行，地方都市を中心に営業活動を行う地方銀行，同じく地方都市を中心とするもので以前の相互銀行である第二地方銀行，主に金融債で資金調達をして企業の設備投資資金などの長期資金の融資に特化していた長期信用銀行，中小企業に融資する中小企業金融機関である信用金庫，信用組合，農林漁業金融機関などから構成されている。

　近年，都市銀行のうち，旧財閥系の金融機関から，とくに資金量の多い都市銀行が金融（3大メガバンクを含む）グループを形成している。

　さらにわが国では，このような民間金融機関のほかに，民間金融機関では融資ができないプロジェクトに政策的観点から資金供給を行う政府系金融機関（日本政策投資銀行，国際協力銀行など）があり，これらは公的金融あるいは政策金融と呼ばれる。また，IT技術を駆使した決済専門銀行（ネット銀行）は，小口預金の提供などの役割を果たしている。

　このほかに，保険会社（生命保険，損害保険，第3分野保険など），預金以外から資金を集めて融資を行うノンバンク（消費者金融，リース他），新興企業であるベンチャー企業に融資を行うベンチャーキャピタル，株式や社債などの有価証券の売買などに携わる証券会社があり，金融市場で資金の仲介役をしている短資会社が，金融市場で重要な役割を果たしている。

1.3　銀行業務

　銀行が果たす経済機能には，①資金仲介，②信用創造，③資金決済，の3つがある。ここではとくに新しいタイプの銀行貸出の形態についても紹介しておこう。

　銀行の中心的な業務は，

（i）　固有業務である預金（受信業務），貸付（与信業務），為替（決済業

務)
（ⅱ）付随業務である債務保証，社債の募集委託，手形引き受け
（ⅲ）周辺業務であるクレジットカード業務，リース，信用保証
などから構成される。

とくに与信業務では，手形割引，手形貸付，証書貸付という形での融資が行われるのであるが，近年，このほかにも新しいタイプの貸出が行われるようになっている。それらを紹介しておこう。

① **コミットメントライン契約**
顧客と銀行があらかじめ契約した期間・融資枠の範囲内で，顧客の請求に基づいて，銀行が融資を実行することを約束（コミット）する契約である。

② **シンジケートローン（協調融資）**
シンジケートローンとは，借手の資金調達ニーズについて複数の金融機関がシンジケート団を結成し，同一の条件・契約に基づいて融資を行う手法である。金融機関の側からすると，協調融資によって1行あたりの融資額が少なくなり，負担するリスクを減らすメリットがある。

③ **プロジェクトファイナンス**
借り手企業の信用力とは別に，投資プロジェクト自体から生じるキャッシュフローをもとに，融資に関する意思決定を行う方法である。融資に対する返済の原資が，プロジェクトから発生するキャッシュフローに限定される。

第2節　金融の自由化と国際化

ここでは，わが国の金融自由化・国際化の過程を概観していく。

わが国の金融自由化は，欧米諸国よりもおよそ10年遅れているといわれ，金融システムの国際競争力の低下が懸念されていた。1994年に金利の完全自由化（流動性預金金利の自由化で終了）が行われるまで，様々な金融制度改革が行われた。「金融制度改革法」（1993年）では，業態別子会社による相互参

入が認められた。

　金融の国際化は,「新外為法」(1980年) によって実現し,「日米円ドル委員会」での自由化のスケジュールでは, ①預金金利の自由化, ②金融市場の整備・充実, ③内外市場の一体化, ④外銀の対日アクセス, ⑤ユーロ円の自由化, などが決められた。

　また, 東京市場をフェアー, フリー, グローバルな国際金融市場にしようとする1996年から始まった「(日本版) 金融ビッグバン」では, 証券市場の改革, 内外資本市場の全面的な自由化, 銀行業務に対する規制のさらなる緩和などが広範囲に行われた。

　具体的には, ①改正外為法:為銀主義の廃止と外為業務の自由化, ②金融持株会社解禁, ③参入自由化:金融持株会社による相互参入 (全面的にすべての金融分野への自由参入), ④証券改革として株式売買委託手数料完全自由化 (1999年), ⑤会計ビッグバンによる時価会計, 連結会計の導入, ⑥規制改革として, 証券取引等監視委員会 (1992年), 金融監督庁 (1998年), さらに金融庁 (2000年) の発足, などである。これらの措置により, 2000年までに数多くの規制緩和が実現した。

第3節　銀行行動の理論

　本節では, 銀行行動をミクロ経済学の企業理論を用いて理解することとともに, メインバンクなどについて考察する。

　銀行の行動を描写するとき, まず民間企業と同様に, 競争的企業としての銀行の利潤極大化行動を, 短期金融市場 (コール市場) と関連づけて定式化する。

　銀行のバランスシート (貸借対照表) は, 一般に次のようなモデルで表現される。記号を次のように定める。r_D:預金金利, r_C:コールレート, r_B:公定歩合, r_L:貸出金利, R:準備, α:預金準備率 $(0<\alpha<1)$, B:日銀借入, $\phi(L)$:営業費用 (貸出Lに関して逓増的とする)。

第4章 金融制度と銀行行動

図表 4-1 銀行のバランスシート

資産	負債
準備預金（R）	預金（D）
コールローン（CL）	日銀借入（B）
貸出（L）	コールマネー（CM）
	自己資本（E）

図表 4-1 の銀行のバランスシートから，自己資本（E）を差し当たり無視しておくと，資産勘定と負債勘定の合計がそれぞれ等しいことから，次の(4.1)式を得る。

$$(CL-CM)+L=(1-\alpha)D+B \tag{4.1}$$

この式で，左辺第1項の（$CL-CM$）は，銀行が短期の資金のやりとりをするコール市場で運用するネットの残高である。右辺の $(1-\alpha)D+B$ は，銀行が利用可能な資金の合計である。銀行はしたがって，この利用可能な資金を，企業利潤を最大にするように，貸出とコール市場への運用に配分するものと考えられる。

貸出市場が完全競争と仮定すると，銀行は，次のように定式化される利潤を最大化するように，貸出額，コール市場への運用・調達，ならびに日銀借入を決定する。利潤 π は，(4.2)式のように与えられる。

$$\pi = r_L L + r_C(CL-CM) - r_D D - r_B B - \phi(L) \tag{4.2}$$

規制金利体系のもとにあった日本では，これまで金利体系のなかで公定歩合がもっとも低位にあり，銀行間の取引金利であるコールレートを常に下回っていたので，ここでは議論の簡単化のため，日銀借入 B を一定と仮定しておく。ただし現在は，日本銀行の補完貸付制度の導入により，公定歩合とコールレートの大小関係は逆になっている。また，銀行の預金金利は完全に自由化されており，各銀行が自由に設定可能であるが，実際には，ほとんどが横並び状態にある。コールレートは，金融機関の短期の資金繰りを行う市場での金利で，個別の金融機関にとっては与件となる。貸出金利は現実には，貸出先企業の信用度に関する審査によってプライムレートに上乗せさせる形で決定されることが多いが，ここでは与件と仮定する。

このような仮定のもとで，銀行の企業としての利潤極大化の必要条件は，(4.3)式で表現できる。これは，ミクロ経済学の企業理論で学ぶように，限界収入（左辺＝貸出金利）と限界費用（右辺＝コールレートと営業限界費用）とが等しいという限界条件である。

$$r_L = r_C + \phi'(L) \tag{4.3}$$

銀行の主体均衡条件から，次のようなインプリケーションを得ることができる。まず，資金調達コストであるコールレートや営業費用の上昇は，貸出を減少させる。また，限界収入に対応する貸出金利の上昇は，貸出を増加させる。

第4節　貸出市場の分析

4.1　貸出市場の均衡

これまでの説明によって，利潤最大化を行う銀行の経済行動が理解できたので，次に，資金貸借に特有の諸問題に注目しながら，貸出市場の均衡状態に関わる現象や，銀行行動に付随する事項を解説する。

まず，貸出市場の均衡は，部分均衡分析により考察する。通常のミクロ経済学で行われる説明のように，貸出市場は，資金の需要と供給から構成される。資金需要関数 $L^d(r_L)$ は，主に企業の資金需要から成り，資金調達コストである貸出金利 r_L が上昇すると資金需要が減少することから，貸出金利の減少関数である。資金供給関数 $L^S(r_L)$ は，先に示した銀行の利潤極大化行動から，貸出金利の増加関数として導出される。このとき，貸出市場の均衡状態は，図表4-2に示されるように，資金需要曲線と資金供給関数との交点で決定される。ここで資金需要曲線は，貸出金利の減少関数であると同時に，経済の活動水準の増加関数であり，図では右下がりの曲線で示されている。資金供給関数は，貸出金利の増加関数かつコールレートの減少関数なので，右上がりの曲線で示されている。

図表 4-2　貸出市場の均衡

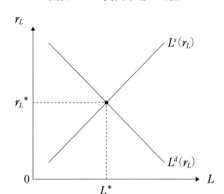

4.2　信用割当

　貸出市場での「信用割当（Credit Rationing）」についてみていく。借り手と貸し手の間に存在する情報の非対称性によって，資金貸借が行われる貸出市場では，需給の不均衡（資金に対する超過需要）を残したままで，市場が均衡するという「信用割当」が発生する。

　貸出市場に情報の非対称性が存在するときに発生するこのような特有の現象は，情報の経済学の考え方を援用すると，「モラルハザード（Moral Hazard）」と，「逆選択（Adverse Selection）」という2つの要因によって特徴付けられる。

　銀行の資金供給曲線は，金利を上げていくとリスクの高い借り手が増える可能性があるため，金利上昇とともにある一定の水準を超えると次第に貸出が減少していく可能性がある。貸し手である金融機関にとって，期待利潤が最大になる貸出金利がユニークに存在することにもなる。もしそうであれば，金融機関にとっての利潤極大となる金利が右下がりの資金需要曲線と交わる点よりも低位にある場合には，市場では満たされない資金需要が残されたまま，借り手に信用割当がなされることになる。これは，現実に観察される貸出金利の硬直性の説明となる。

4.3 メインバンク

わが国では，企業は密接な関係を持つ主要取引銀行を持っている。これを「メインバンク」といい，以下に示されるように，いわゆる定型化された事実を提示することによってメインバンクの機能を考察する。

企業とメインバンクとの間には，借入企業への資金の安定供給と，借入企業への経営権に関するインプリシット（暗黙の）な長期契約が結ばれていると考える。メインバンクは，貸し手および安定株主という二重の立場から企業の経営に関与するかたわら，内部情報へアクセスが可能であり，これによって監視や介入機能が強化される。

メインバンクを規定する項目には，次のようなものがある。

第1に，メインバンクは，最大融資銀行，最大の取引銀行である。

第2に，メインバンクは，大株主（融資先銀行のうちでは最大の株式保有者）である。株式の相互持合いという資本関係を持ち，安定株主として系列銀行をまとめたり，敵対的な企業買収から当該企業を守ることもある。

第3に，メインバンクによる役員派遣（人的関係）や企業救済（企業の経営破綻，危機の時に救済）などによる経営参加を行う。

第4は，メインバンクが持つ企業との長期的・固定的な総合取引関係である。預金取引，外為取引，債券受託，関連会社取引など取引全般にわたって，他の銀行を上回るシェアがある。しかし，これには借り手のリスク，とくに破産リスクをメインバンクが自ら負担しなければならないデメリットがある。このような長期的関係には，借り手の倒産保険の提供という意味合いがともなっている。

第5は，融資・預金以外にも決済動向を把握することなどから，メインバンクが多角的総合的な取引関係を持つことである。決済口座の管理など，企業の資金ポジションの把握によって企業の内部情報を獲得する。

第6は，メインバンクが「委託された監視者（delegated monitor）」として契約には明示されない残余決定権を一任され，企業の再組織化にあたる役割であ

る。継続的・長期的関係を有することによって，サンクコストの性格をもつ情報生産コストは回収可能になり，長期にわたって固定的契約を結ぶボンディング（自己束縛）メカニズムを形成する。

第5節　市場型間接金融

　市場型間接金融は，1996年からわが国において始まった「金融ビッグバン」を貫く基本理念として，当時の大蔵大臣諮問機関「金融制度調査会」が打ち出したもので，その後のわが国金融市場の再構築に影響を与えた。

　伝統的間接金融は，金融仲介機関が最終的な資金提供者と最終的な資金調達者を直接つなぐが，都銀（資金の取り手）と地域金融機関（資金の出し手）のように，金融仲介機関内部で分業構造が成立する場合もある。

　ここで取り上げた市場型間接金融は，金融仲介機関が最終的な資金提供者および最終的な資金調達者と市場をつなぐケースであると考えられる。そして，最終的な資金提供者から資金を集めてきてそれをマーケットにつなぐ形と，資金調達者が発行した金融商品等をパッケージ化してマーケットに提供する形で，市場の資金を最終的な資金調達者に提供するものが想定される。

　このように，直接金融の役割を大きく取り入れた市場型間接金融が導入されると，銀行が企業に融資するという点では間接金融と同じだが，資金源が預金だけでなく，市場性資金と呼ばれる大口の定期預金である譲渡性預金（CD），コマーシャル・ペーパー（CP），銀行社債なども積極的に取り入れることになる。一方，貸出債権を証券化して投資家に転売し，リスクを投資家に転嫁する（たとえば，資産担保証券（ABS）の発行）方法が取られる。

　市場型間接金融が拡大した背景には，金融自由化の進展とバブル崩壊後の不良債権処理によって，伝統的間接金融の下で銀行部門に集中するリスク量が増大したことと，銀行部門の自己資本が毀損したことが指摘できる。

　資金仲介面からみると，市場型間接金融は，「最終的貸し手から資金を調達

し，市場で資金を運用する金融仲介機関」と「市場から資金を調達し，最終的借り手に資金を供給する金融仲介機関」の一方あるいは双方の仲介を行う機能である。これは，金融仲介機関にとってリスク集中を防ぐとともに，調達・運用の分化により専門化の利益をもたらす。

証券の流動化という側面からみると，市場型間接金融は，間接金融の下で相対タイプの本源的証券を市場に対して流動化するものとも定義できる。金融仲介機関や最終的貸し手のリスクを削減・移転するとともに，金融取引の様々な段階を種々の金融仲介機関が専門的に担当することにより，専門化の利益を享受することが可能になる。

第6節　証券化（セキュリタイゼーション）

6.1　証券化とは

「証券化（セキュリタイゼーション）」とは，間接金融との対比で金融資本市場を通じる資金流入が増えることをいうこともある。しかし，最近は，企業や金融機関がそのバランスシート構造の健全化を図るため，積極的に資産項目にある各種の債権（資産）を様々な方法で処理して，財務構造を強化することを指している。より具体的にいえば，企業などが保有する資産をオフバランス化（帳簿外）して切り離し，その資産が生み出すキャッシュフロー（金融的収益）を支払い金の原資に充てる金融商品を発行して売却することである。証券化により貸出債権を流動化することで，金融仲介機能の分化（アンバンドリング）という現象が発生することになる。

証券化は，企業の資金調達や家計の資産運用が市場で流通することを前提とする証券形態で行われることを意味し，この結果，金融取引は相対型から市場型へと変化していくことになる。これを「フィナンシャルディスインターミディエーション」という。このように，証券化というプロセスによって資産項目

を企業のバランスシートから除き，オフバランス化してバランスシートを身軽にする手段は，新しい証券の作成にもつながる。

わが国では，本格的な証券化に向けた法整備が，リーズク・レジット債権を対象とする資産担保証券（ABS）から開始され（特定債権法（1993年）），さらに，対象となる債権を拡大し，不動産が対象のモーゲージ証券（MBS）も可能になるなど（SPC法（1998年）），証券化に必要な法的基盤が整った。

こうした証券化が進展した背景には，次のような点が指摘されている。

第1に，金融自由化によって金融機関が負担する金利変動リスクが増大したことにより，銀行の運用・調達のミスマッチが増大したことである。

第2に，BIS（国際決済銀行）の自己資本比率規制により，銀行は不良債権を減らすために，バランスシート上で資産を圧縮する必要性が高まったことである。

第3は，資本市場や格付けなどの環境整備がなされたことである。

さらに，第4には，信用リスクの評価，移転，再構築などが，金融技術の発展によって可能になったことである。

6.2 証券化の手法

証券化は，次頁の図表4-3にみるように，次のようなプロセスによって行われる。

まず第1に，キャッシュフローが得られるもの（たとえば，住宅ローン，自動車ローン，貸付債権，商業用債権など）である原資産を選定し，特定化すること，ならびに債権をプーリングすることである。

第2に，選定された原資産を債権譲渡することで，原資産の保有者（オリジネーター）による対象資産の別法人への売却が行われる。この法人をとくに特別目的会社（SPV）という。確率論の「大数法則」によって，リスク分離や倒産隔離が期待される。

第3に，証券化商品の設計，発行，販売ならびに格付けや保険の付与が行われる。最後に元利払いが行われる。

図表 4-3 証券化の仕組み

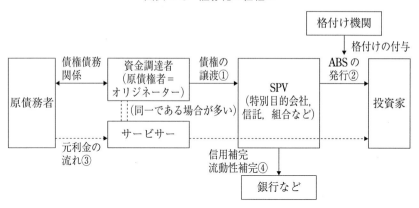

出所：古川顕『現代の金融（第 2 版）』東洋経済新報社，2002 年。

6.3 証券化商品

証券化商品というとき，不動産ローンを対象資産とする MBS（モーゲージ証券，Mortgage Backed Securities）と，それ以外のものを対象とする ABS（資産担保証券，Asset Backed Securities）とに区分されることが多い。わが国の代表的な証券化商品には，以下のようなものがある。

① MBS（Mortgage Backed Securities）：モーゲージ証券で，住宅ローン債券を担保（裏付け債権）とする証券である。
② CMBS（Commercial Mortgage Backed Securities）：商業用不動産担保証券と呼ばれ，不動産向け融資を担保とした証券である。
③ ABCP（Asset Backed CP）：資産を担保に発行されるコマーシャルペーパーである。
④ CLO（Collateralized Loan Obligation）：ローン担保証券と呼ばれ，多数の貸付債権を集めてプールし，それを担保したものである。
⑤ CBO（Collateralized Bond Obligation）：債券担保証券と呼ばれ，社債などの債券を集めてそれを裏付け資産として発行するものである。

⑥ CDO（Collateralized Debt Obligation）：債務担保証券と呼ばれ，一般の貸付債権，社債や証券化商品を裏付け資産とするものである。
⑦ REIT（Real Estate Investment Trust）：不動産投資信託。投資家から集めた資金で不動産を購入し，賃貸収入や売却益を配当として分配する商品で，リートと呼ばれる。

6.4　証券化のメリット

それでは，このように理解される証券化には，どのようなメリットがあるのだろうか。ここでは，通常指摘される4つのポイントに整理しておこう。

第1は，証券化により，当該企業の信用度ではなく，分離された資産そのものの信用力をベースに資金調達が可能になることである。これにより，企業は資金調達コストが削減可能になることが考えられる。

第2に，資産を証券化することで帳簿上からオフバランス化することができるため，その売却益でさらに負債の圧縮，自己資本比率などの財務指標が改善可能になる。

第3は，不動産の証券化では，債権の小口化や流動性の付与ができ，さらに売却が容易になる。

第4は，企業にとっての資金調達を円滑にし，実物投資を促進する効果が期待されることである。また証券化商品の買手である投資家にとってみると，新たな投資機会が与えられることにつながる。

さて，証券化の発展にともない，本章の締めくくりとして，今後のわが国の金融システムの発展に向けて，いくつかコメントを付しておこう。

第1に，金融システムは社会性や公共性が高く，その中核となる金融機関の役割は，依然として大きい。金融機関は，長期的視野に立ち，情報生産によって「信用リスク」の引き受けを担い，健全なバランスシートを維持することが求められる。

第2に，証券化の進展は，業際の垣根を壊し，金融市場を再構成することに

もつながる。

　第3に,「クレジット市場」は,貸出市場,社債・CP市場,証券化市場,クレジットデリバティブ市場等を総称した「信用リスク」を取引する市場をいう。今後わが国では,これらの市場の健全な発展が望まれるものと考えられる。

第5章 短期金融市場

第1節 短期金融市場の概要と機能

　金融市場は，取引される金融商品の償還期限により，その取引期間が1年未満である「短期金融市場（マネーマーケット）」と，1年を越える長期資金の貸借が行われる「長期金融市場（資本市場）」とに分類される。

　本章でとりあげるわが国の短期金融市場は，主として金融機関同士の短期資金をやりとりするインターバンク市場と，一般の非金融部門である事業法人なども参加できるオープン市場とに分類できる。

　短期金融市場は，比較的満期の短い資金を取引する市場であり，金融機関の日々の資金繰りや，準備預金の過不足を調整する市場としての性格を持ち，一方で，企業や共済組合などが，余裕資金を運用する市場としても機能している。わが国では，日本銀行が，様々なオペレーションを短期金融市場で小刻みに行うことで，日本銀行信用を供与・回収している。短期金融市場の金利は，金融政策の操作目標として重要な役割を果たしてきており，金融政策の波及メカニズムを考察するのに重要な市場である。

　短期金融市場は，資金需給の状態を敏感に反映して競争的に金利が形成されており，インターバンク市場・オープン市場とユーロ市場との間では，金利裁定が活発に行われている。さらに，近年，金融自由化・国際化の進展により新たな市場が創設され，取引慣行の見直しとともに，様々な市場の整備がなされてきた。

　短期金融市場のうち昭和40年代までは，コール市場，手形市場が圧倒的な

ウエイトを占めていたが，昭和50年代以降は，ドルコール市場，CD市場などが創設され，オープン市場が拡大してきた。

わが国の短期金融市場（マネーマーケット）は，コール・手形市場を中核にして発展してきた。その源をたどると，明治30年代半ばに，銀行の余剰資金の運用ならびに調達の場としてコール市場が生まれた。このコール市場を中核として，わが国のインターバンク市場は発展を続けてきたが，1971年に手形市場が創設され，翌年から手形買いオペが導入された。それ以後，手形市場は，金融調節の場としても重要な役割を果たしてきた。

1970年代には，債券現先市場をはじめとして，オープン市場（公開市場）が発達した。1979年には，CD（譲渡性預金）市場が創設された。その後，1985年には円建てBA市場，86年にはTB市場，87年にはCP市場が創設された。1985年には，コール市場の中に無担保コール市場が創設された。前年の6月に円転規制等が撤廃されたことにともない，円転市場やユーロ円市場で無担保の資金取引が活発化し，国内市場でも海外市場との整合性を高め金利裁定を円滑にすること，在日外銀の円資金調達を容易にすることなど，無担保コール資金取引へのニーズが高まる背景があった。

このようにしてわが国の短期金融市場は整備が進み，今やロンドン，ニューヨーク等の国際金融市場と肩を並べる存在となった。

第2節　インターバンク市場

わが国の短期金融市場には，先に分類したように2つの市場がある。まず先に，市場参加者が金融機関に限定されるわが国のインターバンク市場（銀行間市場）であるコール市場と手形市場を説明していこう。

コール・手形市場は，金融機関と短資会社等に市場参加者が限定されているため，取引の安全性が高く，市場には恒常的かつ安定的に資金の出し手と取り手が存在する。このため，大口資金を容易に，かつ迅速確実に，運用・調達が

できる。とりわけコール・手形市場には，次のような特徴がある。

第1に，準備預金調整の働きである。金融機関相互間で，日々の資金収支尻でもある準備預金の過不足を調整する場としての役割を果たしている。

第2に，これと関連して金融調節と金融政策に関わる機能である。日本銀行は日々，短期金融市場の資金需給の過不足を調節することにより短期金利の形成に影響を及ぼし，それが他の市場へ波及する過程を通じて，金融政策の有効性を実現している。

2.1 コール市場

わが国で最も歴史の古い市場で，金融機関の短期的な資金過不足を相互に調整する市場である。とくにコール市場は，金融機関の準備預金の過不足を調達する市場として機能している。コール市場には，有担保コール市場と無担保コール市場とがある。

コール市場の取引は，資金の取り手と出し手をブローカーである短資会社がつないでいる。取引対象は，半日物（当日中に決済されるもの），無条件物（取引翌日の交換尻決済時刻に決済するもの），期日物（取引日を含めて2日間以上の確定期間を据え置くもので，2〜7日物，2, 3週間物）などがある。

取引には，システミックリスクの防止や信用秩序の維持を目的としてこれまで「有担保原則」が用いられ，日本銀行からの借り入れが可能な日本銀行適格担保が主であったが，1985年に無担保取引（無担保コール）が導入されてから，無担保コール市場残高は，投信の運用拡大（1993年12月に投信の無担保コール運用枠撤廃）とともに大幅に拡大している。建値制度の廃止によって，コールレートは日々の資金需給を反映したものになっている。

コール資金は，資金余剰である出し手にはコールローン，資金不足にある取り手にはコールマネーと呼ばれる。約定（レート決定）には，出し手と取り手との希望レートが一致した時点で取引がなされるオッファービッド制度が導入されている。

コールレートは，これまで日本銀行の金融政策の操作目標であり，現在は，

政策金利としての位置付けがなされている。

2.2 手形市場

1971年に創設された手形市場は，手形を割り引く方法で売買することによって1週間から1年程度の期間（コール市場より長め）の資金の運用・調達がなされる市場である。実質的な取引は，手形を担保とした短期資金貸借の取引であり，取引対象となるのは，優良な商業手形や工業手形などである。資金の取り手は都市銀行，出し手は農林系金融機関，信託銀行などで，コール市場の延長として短期資金をやりとりする市場になっている。手形取引には，売り手と買い手との間に短資会社が介在する。

日本銀行は，手形の売買オペレーションを通じて，主に資金の出し手として直接市場に参加している。印紙税負担などの軽減を狙って手形借入から当座貸越へシフトしたため，手形市場の規模は減少傾向を示している。2000年7月末には残高が一時ゼロになったが，これは企業の手形取引の減少や無担保コール市場やレポ市場の台頭で，手形市場がその主たる役割を終えたためといわれた。企業が短期資金の借入形態を，手形割引や手形貸付から当座貸越へシフトさせているため，現在，市場残高のほとんどは日本銀行の手形オペによるものである。

日銀は，従来の「手形買いオペ」を「共通担保供給オペ」と名称を変更し，日銀みずからが手形を振り出して資金を吸収する「手形売りオペ」も行っている。

第3節　オープン市場

オープン市場とは，市場参加者が金融機関に限定されず，事業法人など非金融機関も自由に参加できる市場をいう。昭和50年代からわが国の金融構造が

変化したことが、オープン市場にも現れている。この時期から、法人企業の資金不足状態の解消がみられ、さらに、公的部門の資金不足による国債発行の増加によって自由金利の市場が急拡大したことにより、市場が相次いで設立され、取引対象が多様化されることによって順調に拡大してきた。

わが国のオープン市場を構成する現先市場、CD 市場、短期政府証券市場、CP 市場、などを順番にみていこう。

3.1 現先市場

現先市場は、条件付きで債券売買が行われる市場である。一定期間後に一定価格で債券を売戻す（あるいは買い戻す）条件で、債券を買い付ける（売却する）取引をいう。

現先市場は、証券会社の在庫金融の手段であったものを事業法人が余剰資金の運用手段として利用するため、一定期間後に債券を買い戻すことを条件に売却したのが始まりである。1979 年に CD 市場が創設されるまでは、わが国で唯一のオープン市場であった。現先市場は、昭和 40 年代後半から急速に発展してきたが、現先取引には、売買のたびごとに合計 2 回有価証券取引税が課せられるため、取引規模は伸び悩んでいた。

現先取引には、「買い現先」と「売り現先」とがある。「買い現先」とは売り戻し条件付きの買い付けであり、これは資産運用を行うときになされる取引である。一方、「売り現先」とは買い戻し条件付きの売却であり、資金の調達を行うときになされる。

このほか現先取引には、証券会社が自らの資金調達・運用の取引を行う「自己現先」と、証券会社以外の主体が証券会社を介して行う「委託現先」がある。

現先レートは、自由金利であって、活発な裁定取引によって CD レート、コールレート、ユーロレートなどと相関している。現先取引の対象債券には、国債、地方債、政府機関債、CD などがある。

3.2 CD（譲渡性預金）市場

1979年に創設された大口の定期性預金で，市場で譲渡が可能な預金である。CDは，譲渡性預金証書（negotiable certificate of deposit）の略称で，第三者に譲渡可能な銀行の預金証書のことをいう。発行する銀行にとってみると，自由金利で資金調達が可能な大口預金であり，わが国で自由金利商品の先駆けとなった。CDは，一方で一般事業法人などにとっては，資金運用の手段となる。預金であるにもかかわらず譲渡が可能であるため，流通市場が発達している。

CD金利は現在，代表的な短期金利の指標の1つであり，現先市場，コール市場，手形市場金利と連動する。CDの発行期間は，2週間から3年である。自由金利の預金であるため，有価証券取引税が課せられないが，他の預金と同様に20%の源泉徴収がなされる。発行条件は，取引ごとに決められる相対型取引となっている。流通市場は，無条件売買市場とCD現先市場（条件付き売買）とがある。CD市場は，わが国のオープン市場で，もっとも規模の大きいで市場である。現先取引も行われている。

3.3 政府短期証券

政府短期証券（FB, Financing Bills）は，国庫の一時的な資金不足を補填するために割引方式で発行される，償還期間がおよそ60日程度の国債である。そのほとんどが日本銀行引受けとなっていて，政府の資金繰りを助けていた。1999年4月に，短期国債市場の活性化を目的として，定率公募残額日本銀行引受方式から，原則として市中消化・公募入札方式へ移行した。財務省（旧大蔵省）はこれまで段階的にFBの入札額を増やしてき，市場からの調達を拡大してきた。

政府短期証券には，次の3種類がある。財務省証券は，経常費，公共事業費用など一般会計の支出に充当される。食糧証券は，米の政府買い入れ代金に充当されるものである。外国為替証券は，外為市場での平衡操作に用いる外貨の

購入に充てる円資金調達に用いられる。現在，これら3つの証券はひとまとめにして「短期国庫証券」と呼ばれている。

3.4 短期国債

短期国債（TB, Treasury Bills）は，国債整理基金特別会計に基づく借換債（割引債）である。日本銀行引受けは認められず，公募入札方式で発行されるもので，満期は3カ月，6カ月である。長期国債の償還や借換えを円滑にするため，1986年から発行が開始された。日本銀行は，1990年からTB買いオペを開始している。

TBもFBもともに政府の短期債務であるため，信用度が高く，市場性・流動性に富んでいて，マネーマーケットの中核的金融商品である。これらの発行は，国債管理政策の一環といえる。

3.5 CP（コマーシャルペーパー）

1987年に創設されたCP（コマーシャルペーパー）は，主として信用力の高い非金融事業法人企業が発行する（短期）無担保約束手形である。商取引の裏付けがなくても発行でき，企業にとって短期の資金調達手段で，譲渡手続きが容易である。金融機関，証券会社などが発行を引き受け，販売先はほとんど機関投資家に限定される。源泉徴収や有価証券取引税はない。期間は1年以内で，割引方式で売買され，額面1億円以上である。外貨建てのCPはない。CPの発行には原則として，バックアップラインの設定，または，金融機関の保証が必要である。

CPは，日本銀行が行う公開市場操作の対象とされることもしばしばあるため，CP市場の実勢金利は，譲渡性預金（CD），短期国債（TB）の金利などとともに，短期金利の目安として用いられることがある。当初は発行要件について期間・額面・発行企業など，様々な規制が設けられていたが，現在ではなくなっている。

CP市場導入の背景には，次のような点が指摘できる。

第1に，わが国企業の海外でのCP発行増加，ならびにユーロ円CPの発行が増加したことである。これは海外活動にともなう資金需要が増大したことと，海外で高い格付けがなされ有利な条件で資金調達ができるようになったことによる。

第2は，大企業では銀行からの借り入れ依存度が低下したことである。

第3は，資本市場・貸出市場で無担保化が進展したことである。

CP発行は，銀行貸出と競合することから，短期プライムレートなどの貸出金利に影響を及ぼし，さらに，有担保主義を採っていたわが国の貸出や社債発行に影響する。

3.6 レポ市場（現金担保付債券貸借取引）

米国のレポ市場をモデルとして，1996年に創設されたわが国でもっとも新しいオープン市場である。1995年12月に債券貸借取引に際して提供されていた現金担保に対する付利制限（優担保コール翌日物出し手レート1％）が廃止になったことを受けて，日本版「レポ市場」が誕生した。

証券会社が資金調達に利用するレポ取引は，債券を担保とした現金の貸し付け，あるいは借入になっている。具体的には，たとえば，債券の借り手（資金の運用主体）が貸し手（資金の調達主体）に現金を担保として差入れ，決済日には，債券の借り手は債券に対して賃借料を支払い，逆に差入れた現金担保に付利されている金利を貸し手から受け取ることになる。債券貸借という形態をとるため有取税の対象とならず，市場規模を急激に拡大してきた。

国債を担保として行われるため，リスク管理上優れている。毎営業日に値洗いがあり，また，機関投資家が保有する膨大な額の国債の有効活用になる。

3.7 ユーロ市場

ユーロ取引は，1950年代後半にロンドンを中心に発生したといわれるもの

で，ユーロ円市場で取引されるユーロ円とは，本邦以外に預入された，あるいは取引されている，円建て金融資産（円預金等）のことである。

　ユーロ市場の取引形態には，カレンシー取引としてのユーロ円預金，ユーロ円CDと，ユーロ円貸付や，債券取引としてのユーロ円債，ユーロ円CPなどがある。これら円建て金融資産が取引されている市場が，ユーロ円市場である。近年は，円建て金融資産の中でも，非居住者によるユーロ円債の発行が，拡大している。ここでユーロ円債とは，本邦以外の市場（ユーロ市場）において発行される円建・円払いの債券をいう。

　ユーロ市場の特色は，国内取引で課せられる各種の規制や取引慣行の適用を受けない自由な取引が可能なことであり，たとえば，準備預金率が課されないことや，利子源泉課税が適用除外となるなどである。

　ユーロ市場は，国際金融市場であるロンドン，ニューヨーク，香港，シンガポールなどにある。

　日本銀行の金融調節の影響を強く受ける無担保コールレートと，ユーロ円市場や為替スワップ市場での円資金調達コストは，国際的に活動する金融機関による裁定行動の活発化などにより，連動性が高いことが指摘されている。

第6章 外国為替市場

第1節　外国為替相場

　諸外国と貿易取引や資本取引を行うときには，自国通貨と外国通貨との交換が必要になる。「為替」とは，遠隔地への決済を，現金を送らないで行う仕組みであり，とくに国境を越えての為替取引を「外国為替」といって，異なる2つの通貨の交換に関わる取引をいう。グローバリゼーションが進展している今日，外国為替の取引量は膨大な額に達している。

　わが国は現在，「変動相場制度」を採用しているため，原則として外貨に対する需給によって自由に為替レートが決まる。また，「固定相場制度」においては，通貨当局が為替相場を政策的に固定しているので，貿易収支の不均衡などの理由によってレートを変更するときには，通貨の切り上げや切り下げが行われる。これら以外の為替相場制度として，クローリング・ペッグ，カレンシー・ボード，などいくつかの制度がある。

　「外国為替相場（Foreign Exchange Rate）」とは，円とドル，ドルとユーロなど，異なる通貨の交換比率（相場）のことをいう。たとえば，円とドルとの交換レートである円・ドルレートは，自国通貨である円の価値がアメリカの通貨である米ドルと比べてどれくらいであるかを表すものであって，わが国にとってもっとも重要な経済変数の1つである。

　外国為替相場には，2つの表し方がある。外国通貨1単位の価値を自国通貨で表したものを，「邦貨建て為替レート」という。たとえば，わが国の通貨である円と米ドルとの為替相場である円・ドル相場でいえば，$1 = ¥100 などと

表記し，外国通貨であるドル1単位と自国通貨との交換比率を意味している。これは，国際通貨システムにおいて基軸通貨（キーカレンシー）の役割を果たしている米ドルの1単位と比較して，自国通貨の価値がどのくらいになるのかを表している。わが国は，この方式で為替相場を表示している。逆に，自国通貨1単位の価値を外国通貨で表したものを，「外貨建てレート」といい，たとえば，¥1＝$0.01と表記する。また，基軸通貨である米ドルの相場をとくに，「基準相場」という。

ドルに比べて円の価値が上がるとき，円の価値が増価（ドルの価値が減価）して，円高（ドル安）になるという。逆に，ドルに比べて円の価値が下がるとき，円が減価（ドルが増価）して，円安（ドル高）になるという。1ドル100円であった相場が，90円になれば円のドルに対する価値が上昇して円高になったのであり，逆に，110円になれば，円のドルに対する価値が下落して円安になったものと考える。

この他，外国為替相場には，インターバンク市場での相場である「銀行間相場」と，銀行が顧客に対して外貨を売買するときの相場である「対顧客相場」がある。前者は，市場で建値（quote）されている相場で，いわば卸売の相場と考えてよい。テレビや新聞のニュースなどで報道されている名目の為替レートは，この「銀行間相場」である。

われわれ一般の顧客が銀行と外貨を取引するときの相場は，後者の対顧客相場である。銀行からドルなど外貨を購入するときに提示される相場を，「対顧客電信売り相場（TTS）」という。逆に，われわれが銀行に外貨を売却するときの相場を，「対顧客電信買い相場（TTB）」という。銀行は，顧客との外貨売買で手数料を得ているので，通常，対顧客電信売り相場の方が，対顧客電信買い相場よりも高くなっている。

外国為替の日々の取引を知るには，たとえば経済新聞の金融市場欄を見ればよく，為替相場には，その日の取引の最初の相場である寄付，最後の相場である終値，さらに，高値，安値，もっとも取引が行われた相場である中心レートなどが提示されている。

為替レートは2国間の為替相場を表すものであるが，3国間の為替レートを

扱うときには，クロスレート表と裁定取引（裁定相場）を考えることになる。わが国を中心に考えるとき，日本以外の国の通貨同士の相場を「クロスレート」といい，たとえば，ドルとユーロの為替レートとして1ドル＝1.5ユーロなどと表記される。

第2節　外国為替市場

2.1　外国為替市場とは

　第1節で示されたように，異なる通貨の交換が行われ，外貨が売買される相場（価格）が提示される外国為替市場は，先の第5章で解説したインターバンク（銀行間）市場の1つである。外為取引の参加者は，銀行，ブローカーである短資会社，ならびに，日本銀行などであり，これらの取引に短資会社が仲介している。外為取引にはまた，銀行同士の直接取引であるダイレクトディーリングもある。ただし，このような外為取引は特定の市場（取引所）で行われるのではなく，電話やコンピュータを介して取引されている。

　世界の主な外為市場である東京市場，ロンドン市場，ニューヨーク市場では，外国為替売買が盛んに行われており，1日24時間，世界中のどこかで取引が行われている。外為市場の取引は現在膨大な規模になっており，直物，スワップ，オプションを合計した一営業日当たりの売買高は，数十億ドルないしは数百億ドル規模に達している。

　ところで，貿易取引における輸入代金の支払いや輸出代金の受け取りなどに関連する外貨の売買取引は，外為市場全体の規模と比較すると小さい割合を占めているに過ぎない。これは，貿易取引に関わる外国為替の売買に比べて，資本取引にともなう外国為替取引の額が，極めて大きなものになっているためである。

　なお，外為取引は，これまで外国為替取引専門銀行が行うという「為銀主

義」が 1998 年の外為法改正により廃止されたため，外国為替公認銀行以外でも外貨の売買が可能になっている。

2.2 外国為替の取引方法

外国為替の取引方法には，直物為替取引，先物為替取引ならびにスワップ取引がある。

直物為替取引は，外貨の売買契約と同時に売買がなされるものであり，このような交換レートである相場は，「直物相場」または「スポットレート (spot rate)」と呼ばれる。直物取引は，もっとも一般的な取引であり，単に為替レートというときには，この直物相場を指す。

先物為替取引は，先物取引の一種で，将来の指定された時点で受け渡しされるように外貨の購入・売却の契約を，現在時点で契約するものである。この取引は，正確には相対取引で行われる先渡し取引というものであり，将来時点で外貨の引渡しが行われるもので，為替予約ともいわれる。この取引において提示されるレートを，「先渡しレート」あるいは「フォワードレート (forward rate)」と呼ぶ。企業が為替予約を行うのは，為替レート変動のリスクを回避するためのものである。

スワップ取引とは，受け渡し日の異なる同額の外貨の売りと買いを同時に行うことである。これは，直物取引と先渡し取引とを組み合わせて行う契約であって，直物と同額の反対取引を先物で行うものである。また，アウトライト取引とは，直物あるいは先物の単独の取引をいう。

為替レートは，自国通貨の円との様々な国の通貨との交換比率を表すものであるが，いろいろな国の通貨に対する円通貨の総体的な価値を見ることも必要になってくる。「実効為替レート」は，対ドルレートなどのように特定の通貨との交換比率をみるのではなく，貿易量を重みにとった加重平均値によって算出されるもので，通貨の価値を，主要な貿易取引相手国の通貨全体に対する自国通貨の総合的な価値を評価するものである。これは，たとえば日経通貨インデックスで提示されている。

第3節　為替レート決定理論

為替レートはどのように決まるのであろう。現在，為替レートの決まり方について，短期における理論と長期における理論が並立している。これから紹介するモデルの他にも諸説が提示されているが，ここではまず，フローの次元での為替レートの決定理論の基本となるものを紹介しよう。おそらく極めて短いタイムスパンを想定すれば，為替レートは，関連すると思われる経済変数に関するニュースによって反応するものと考えられ，これは，先に第3章で市場の効率性について論じたときに概説した「ニュース分析」に基づくものである。

本節ではまず，短期における理論を述べ，次に長期での理論を解説することにしよう。

(1) 短期の為替レート決定

為替相場の決定理論として，まずミクロ経済学で学んだ部分均衡のフレームワークで考えてみる。財市場において需給がバランスするように均衡価格が決まるのと同様に，外国為替市場でも通貨（ドル）に対する需給がバランスするように為替レートが決まってくる。ドルの需要が増える結果ドルが買われ円が売られると，ドルの価値が上がり円の価値が下がるので，円・ドルレートはドル高・円安になる。

以下では，議論の簡単化のために，日本と外国との2国の間で貿易取引とともに資本取引が行われているものと想定して，モデルを構築する。

記号を次のように決めよう。EX：輸出，IM：輸入，p：輸出財（円建て）価格，p^*：輸入財（ドル建て）価格，e：為替レート（邦貨建て円ドル・レート），Y：日本のGDP，Y^*：外国のGDP，K：資本収支（資本移動），r：金利。

外国為替市場には，日本からの輸出代金の受け取りによってドルが供給さ

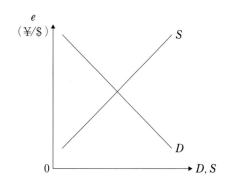

図表 6-1　外国為替市場の均衡

れ，日本の輸入によりドル需要が発生することになるので，ドル需要とドル供給の関数は，それぞれ以下の式のように表せる。図表6-1にあるように，縦軸に為替レートを，横軸には外国為替の需要・供給をとることにする。ドル需要 D は，ドル価格の上昇にともなって減少すると考えられるので，右下がりの曲線で書ける。これは，円高にともない日本からの輸入が増大し，その結果，外国為替市場でドルの需要が増えるからである。一方，ドル供給 S は，ドル価格の上昇にともなって増加すると考えられるので，右上がりの曲線によって示される。これは，円安にともないわが国の輸出が増大し，その結果，外国為替市場でドルの供給が増えるからである。なお，資本取引は，ドルの需要と供給の双方に入るものであるが，ここでは議論の一般性を失うことなく，ドル供給の方程式に一括して入れて表示しておくことにしよう。これらを整理すると，次の(6.1)，(6.2)式が得られる。

$$\text{ドル需要}\quad D = IM(p^*, e, Y) \times p^* \qquad (6.1)$$

$$\text{ドル供給}\quad S = \frac{p}{e} \times EX(p, e, Y^*) + K(r) \qquad (6.2)$$

このような部分均衡分析による為替レート決定の説明のほかに，内外市場の資産選択を中心に据えた資産市場の均衡状態に注目する「アセットアプローチ」がある。アセットアプローチに基づく為替レート決定モデルによると，為

替レートは，内外の金利差，ファンダメンタルズ（基礎的条件），累積経常収支，リスクプレミアム，期待（予想），ニュースなどの諸々の要因によって，内外資産の収益率と同時に為替レートが決まることが示されている。

(2) 長期の為替レート決定理論

次に，長期における為替レートの決定理論を説明しよう。これは，「購買力平価（PPP, Purchasing Power Parity）説」と呼ばれるものであり，両国の物価水準の相対比によって，それぞれの国の通貨の購買力が等しくなるように為替レートが決定されるものと考える。これは，あたかも国境を越えて商品価格の裁定が行われ，一物一価が成立していることを意味するものである。ただし，現実には，貿易の対象とならない非貿易財の存在や，マクロ経済学で学ぶような価格の硬直性により，購買力平価説は短期的には成立するとは考えられず，あくまでも長期において成立する為替レート水準の基準を与えるものとして認識するべきであろう。

購買力平価説には，「絶対的購買力平価（Absolute PPP）説」と「相対的購買力平価（Relative PPP）説」の2つがある。

まず，絶対的購買力平価説では，次のように為替レートのあるべき水準を与える。日本の物価水準を P（円），アメリカの物価水準を P^*（ドル）とすると，絶対的購買力平価説では，邦貨建て為替レート（円・ドルレート）e は，両国で同じ財は同じ価値であるように決まると考えるので，

$$e = \frac{P}{P^*} \tag{6.3}$$

と表される。

次に，相対的購買力平価説では，購買力平価を算出する際の基準時点を特定に年に与えられるものとし，この基準時点以後の両国の物価水準の変化（インフレ率）と為替レートを関連づけることで適切な為替レートの水準を得ようとするものである。

相対的購買力平価説では，したがって基準時点の為替レートを e_0 として，

$$e = e_0 \times \frac{P}{P^*} \tag{6.4}$$

と表す。

さらに，日本とアメリカの物価上昇率であるインフレ率をそれぞれ π, π^* とすると，

$$e = e_0 \times \frac{1+\pi}{1+\pi^*} \tag{6.5}$$

と書き換えることができる。あるいは，円ドルレートの減価率は，日本とアメリカのインフレ率の差に等しいともいえる。

いま，数値例として，日本のインフレ率が0％，アメリカのインフレ率が100％で，基準時点の為替レートが¥100/$であれば，相対的購買力平価説に基づく為替レートは，およそ e = ¥50/$ となる。つまり，アメリカの物価が2倍になれば，為替レートでは円の価値が2倍になるのである。このように，購買力平価の考え方では，インフレが起きて貨幣価値が落ちその購買力が低下する国では，その通貨価値が下落すると考える。

以上，短期のフローのモデルならびに購買力平価説が与えられたように，為替レートの決定理論は，短期と長期の理論それぞれが分立している。さらに，時系列統計データとしての為替レートの動きを観察すると，自己回帰過程（AR過程）の1つである「ランダム・ウォーク（random walk）」と呼ばれるものに近い性質を有しており，その将来予測は，極めて難しいことが分かっている。

第4節　金利平価

次に，為替レートと金利水準との関係を考察しよう。ここで取り上げる「金利平価（interest rate parity）」は，投資家による金利裁定行動によって生じる直先為替レートと内外金利差との関係を示すものである。

内外の金融市場で自由に裁定取引が可能であるとき，投資家は金利の低い国の通貨で資金を調達し，金利の高い国の通貨で資金を運用するものと考えられる。金利差から利益を得ようとする経済行為を一般に，「金利裁定」という。そして，国境を越えて金利の低い国で資金を調達し，高金利の市場で運用して鞘取りする取引を特に，「キャリートレード」という。たとえば，日本では近年金融緩和政策によって低金利の状態が続いているため，低金利の円資金を調達して相対的に高金利のドルに交換して運用するという形での裁定取引が行われてきた。これをとくに「円キャリー」などという。逆に，低利のドル資金による同様の金利裁定取引を，「ドルキャリー」という。

　それでは，国境を越える金利裁定取引を考察しよう。ここで次のような仮定を置くことにする。

　第1は，為替管理や金利規制などの資本移動上の制約や税制，手数料などの取引コストがないという状況を仮定し，資本移動が完全であるとする。

　第2は，資産運用の対象となる国内外の債券は完全代替であるとして，投資家にとって円証券とドル証券は投資の対象として無差別であるとしよう。

　第3は，投資家は危険に対して中立的であるとし，収益に対して何らかのリスクプレミアムを要求することはないものとする。

　記号を次のように定める。e：直物相場（邦貨建ての円ドルレート），f：先物相場（3カ月後の邦貨建ての円ドルレート），i：円金利，i^*：ドル金利，ただし，$i<i^*$として，円資産の収益率はドル資産の収益率より低いとする。

　金利平価には，先物でカバーを取って為替レート変動のリスクを回避するときに成立する先物カバー付きの金利平価（CIP）と，カバーを取らないアンカバー（カバーなし）の金利平価（UIP）とがある。これらを順番に説明していこう。

(1)　先物カバー付きの金利平価（CIP, covered interest parity）

　低利の円資金をもとに，ドル資金への運用を行う円キャリーを考える。ここでは，為替リスク（具体的には円高になるリスク）を回避するため，先物為替契約を用いる場合に成立する金利平価式を導出しよう。

投資資金としていまA円があるものとし、3カ月物円資産の金利をiとしよう。元金を日本国内で3カ月運用すると、円資産での運用の結果、得られる元利合計は、$A(1+i)$となる。

一方、円資金A円を海外で運用するときには、まず円をドルに外国為替市場で交換し、さらにドル資産金利i^*で3カ月運用してから円に戻すことにする。ただし、3カ月後の為替レート水準には不確実性があるので、現在時点ではいくらになっているのかは分からないため、先に仮定したように、先物取引で為替変動リスクをヘッジすることにする。先物レートをfとして、円の受取り額を確定させると、元利合計は、$A(1+i^*)\dfrac{f}{e}$となる。

裁定取引の均衡状態では、どちらの資金運用においても元利合計が等しくないといけないので、上の2つの結果を等しいと置くと、裁定取引の結果、両国の短期金利と直物・先物の為替レートとの関係を示す式として、若干の式の変形を行うと次の近似式を得る。

$$\frac{f-e}{e} \fallingdotseq i - i^* \tag{6.6}$$

この式は、"直先スプレッド＝内外金利差"と読むことができる。左辺は、直先スプレッドと呼ばれ、現在時点の直物レートと3カ月後の先物レートとの差を表している。右辺は、国内外の金利差を表している。このように、短期における為替レート決定には、国内外の短期金利が深く関わりあっていることが分かる。こうした取引が行われる背後では、直物市場では円売り・ドル買いが行われ、先物市場ではこれとは逆の、円買い・ドル売りの取引が行われている。

先物カバー付きの金利平価を表す(6.6)式から、円金利（i）がドル金利（i^*）よりも低いときには、$f<e$となって、ドルが円に対して先物安になっている。逆に円金利がドル金利よりも高いときには、$f>e$となっていることが分かる。

さらに(6.6)式を変形することによって次の式を得る。

$$i \fallingdotseq i^* + \frac{f-e}{e} \tag{6.7}$$

円資産に運用したときの収益率は，裁定取引が行われる均衡の状態では，ドル金利と為替レートの変化率との和で与えられることが分かる。

（２） アンカバー（カバーなし）の金利平価（UIP, uncovered interest parity）

（１）で説明した先物カバー付き金利平価と同様に，低利の円資金をもとにドル資産への運用を行う円キャリー取引を考えるが，ここでは，先物為替契約でカバーをとって為替レートの変動リスクをヘッジすることはせず，リスクをそのままにしておく場合に成立する金利平価式を導出しよう。そうすると，先物為替レート f の代わりに直物為替レートの予想値 e^e が入ることになり，裁定取引の結果，次のような式を得る。

$$\frac{e^e-e}{e} \fallingdotseq i-i^* \tag{6.8}$$

この式は，先のカバー付きの金利平価式において，先物為替レートを直物為替レートの期待値に置き換えたものになっている。左辺は為替レートの期待変化率になっており，e^e は，3カ月後の直物為替レートの予想値である。均衡では，これが国内外金利差と等しくなっている。裁定の余地が残されていない均衡の状態では，円金利は，ドル金利と期待為替レート変化率の和として表される。

アンカバー（カバーなし）の金利平価を表す(6.8)式から，短期的な為替レートの動きに対して，次のようなインプリケーションを得ることができる。

まず第1に，国内（円）金利の上昇は（他の事情が一定である限り），自国通貨の増価である円高・ドル安を招くことである。

第2は，ドル金利が上昇すると，自国通貨の減価である円安・ドル高を招くことである。

第5節　外国為替市場の介入政策

5.1　為替介入政策とは

　変動為替制度の下では，為替レートはその需給の変動にともない市場で自由に決定されてくる。日本経済は，変動相場制度へ移行した1973年以来，趨勢的に円高傾向という基調にあり，これまでたびたび為替相場の変動を経験してきた。

　わが国では，そうした為替相場変動がもたらす実体経済への悪影響を緩和するために，しばしば外国為替市場への介入（平衡操作）が行われている。

　外国為替市場への「介入政策（平衡操作）」とは，通貨当局（政府・日本銀行）が外国為替市場において，為替レートに影響を与えることを目的に外国為替の売買を行うことをいう。わが国では，財務省・日本銀行が円相場の安定を実現するためにこれを行っている。日本銀行は，第12章で説明するように様々な金融政策を行っているが，円通貨の価値である為替レートに関して，日々市場参加者からの情報収集などによって，外貨建証券の売買動向や貿易代金決済などから生じる外為需給の動きをモニターし，為替レート水準の安定に努めている。

　介入政策は，日本銀行が財務省の代理人として外為市場で取引を行うブローカーへ注文を出す形で行われ，さらにときには，各国の中央銀行と協調することを通じて，東京および主要各国の外為市場において米ドルなどの外貨の売買を行う。近年財務省は，介入政策の実施状況について，ホームページで公表し，外貨準備額などの情報も提供している。このように得られる情報から，わが国の通貨当局はこれまで，円高・ドル安是正を目的に円売り・ドル買い介入を行ってきたことが分かる。

　より具体的に説明すると，介入は，政府の「外国為替資金特別会計」の資金

を用いて行われる．たとえば，円高が生じて円売り・ドル買いの為替平衡操作を行うときには，必要とされる円資金を，外為会計が「政府短期証券（FB）」の1つである「外国為替資金証券」を発行することで調達する．購入されたドルは，外為会計の資産項目に計上される．すなわち，これまでたびたび行われてきた円売り・ドル買い介入の場合には，「政府短期証券（FB）」を発行することによって円資金を調達し，これを外為市場で売却してドルを買い入れる．一方，円買い・ドル売り介入の場合には，外為会計の保有するドル資金を市場で売却して，円を買い入れることになる．

したがってたとえば，日本銀行が円売り・ドル買い介入を行うと，銀行間市場である外国為替市場でドルを購入して円資金を供給することになり，この結果，ハイパワードマネーが増大することでマネーサプライの増加要因となる．すなわち，外為介入は，外貨売買を行う見返りに円通貨の売買をともなうことから，国内市場における円の資金需給に影響を及ぼすのである．

同様に考えると，為替レートが円安傾向にあるときには，日本銀行は外国為替市場で外国通貨を売却して自国通貨である円を買い支えるため，ハイパワードマネーが減少することになり，したがってマネーサプライの減少要因となる．

日本銀行の資金吸収オペによる公開市場操作によって，当初の介入操作によって生じたハイパワードマネーの変化を相殺することを「不胎化介入」という．このときには介入政策によって，ハイパワードマネー残高は変化しない．上記の円売り・ドル買いの介入政策によって国内のハイパワードマネーが増大したときには，公開市場で債券売りオペを行うことで，市中のハイパワードマネーを吸収する措置が施される．

介入政策にともなうハイパワード・マネーの変化についていえば，先進各国では，ほぼ100％の不胎化を行っていることが，これまでの実証研究で明らかにされている．100％の不胎化政策が行われる限り，為替介入が市中の円資金の流通量に影響を与えることはなく，したがって，金融政策と為替介入とは独立した政策として運営が可能になる．

こうした介入の方式には，わが国通貨当局が単独に行う介入のほかに，海外

の通貨当局に対して介入の実施を委託する「委託介入」や，複数の通貨当局が協議のうえで，各通貨当局の資金を用いて同時に為替介入を実施することを「協調介入」などがある．

5.2 外貨準備と外為会計

先に第4章でも解説した「外貨準備」は，通貨当局が自国通貨価値を防衛する介入政策を行うための原資であり，これは，外為会計保有の資産と日本銀行保有の外貨資産の合計からなっている．2017年現在，わが国は，1兆2,000億ドル程の外貨準備を保有している．これは中国に次いで世界第2位の規模である．

外為会計は，これまでの円高局面での円売り・ドル買い介入の累積等から高水準のドル資金を保有している．外貨準備は，日本の経常収支黒字を元に入ってきたドルを，外為会計がFBを発行して獲得したものに相当しており，このため，特別会計のバランスシートの負債勘定には円の借り入れがあることになる．こうした外貨資金の大部分は，米ドルであり，信用度と流動性が高いアメリカ財務省証券など主要先進国の債券に運用されている．外貨準備はこれらの他に，主要国通貨の資産や金，SDRなどから構成されている．

2011年3月の東日本大震災後の円高の動きに対し，円高是正の協調介入が行われた．さらに1ドル77円という歴史的円高となった同年8月初旬には，日本の通貨当局が単独で円売り・ドル買いの介入を，東京ならびに諸外国の外為市場で行った．しかし，世界同時株安とドルの全面安の下での円高の流れに対して，日本の単独介入では，これを阻止することはできなかった．

このように，一国の通貨当局による単独介入は，外為市場の取引規模とくらべると，その効果はあまり期待できないことが指摘されている．1日の外為取引規模は現在数兆ドルともいわれるなど，極めて膨大な額に達しており，一国の通貨当局による単独の介入では，相場の流れに逆らうことはほとんど不可能と考えられている．

第7章 証券市場

第1節　証券市場の概要と機能

　証券（資本）市場とは，公社債市場と株式市場を指す。このうち公社債は，一般政府や地方政府が発行する債務証書である国債や地方債と，企業の主要な資金調達手段である社債（事業債）との総称である。公社債市場は，金融機関からの借入に代替する，償還期限が1年以上の長期資金市場に相当する。

　わが国の証券市場は，多様化する投資家のニーズや取引の透明性・公平性確保のため，規制緩和や市場の整備が行われ，またグローバルな金融取引の競争にも対応するため，様々な拡充がなされてきた。1996年からわが国で行われた「日本版ビックバン」により，欧米の金融市場とほぼ同等の自由な市場にまで発展している。

　本章では，長期の資金貸借に関わる金融市場として，公社債市場を構成する国債市場，社債市場，転換社債（CB），ワラント債（WB），などを説明し，その後，株式市場をみていく。

　1975年頃までわが国では，公社債市場は未発達な状態にあり，1980年代に公社債発行の中心は，国債と金融機関が発行する金融債であり，そのなかでもとくに急速に拡大してきた国債の流通市場を中心に発達してきた。そこでまず，債券の種類から説明していこう。

　債券には，政府や地方自治体が発行する公共債，民間企業が発行する民間債，海外の主体が発行する外国債などがある。

　利子支払いの方法によって債券を分類すると，利子（クーポン）が投資家に

定期的に支払われる「利付債」，利子支払いがなく，売り出し価格と償還価格との差額が事実上の利子支払いに相当する「割引債」，金利支払いがインフレ率に連動する「物価連動債」などがある。「コンソル債（永久債）」では，元本の償還はなく，永遠に利子支払いが行われる。

　また，新たに発行された債券を新発債といい，既に発行されて流通市場で広く売買されている債券を既発債という。

　なお，債券には，その収益率を表す各種の利回り概念として，複利最終利回り，単利最終利回りなどがあるが，これらの説明は，本書第8章で改めて解説することにしよう。いずれの利回り概念を用いても，利回りと債券価格とが逆相関すること，すなわち，債券利回りが高い（低い）ときには債券価格が低い（高い）ことが示される。

　公社債市場は第3章で述べたように，発行市場と流通市場からなるが，公社債取引は，そのほとんどが店頭取引である。これは，債券の銘柄数が多いことや，残存期間，クーポン，税制面での違いが多く，株式取引のような取引所取引になじまないためである。

　公社債の中で発行額がもっとも多いのは，国債である。地方自治体が発行する債券である地方債は，国債と同様に安全資産として認識されているが，市場での流通量が少ないため，流動性が乏しい点が指摘されている。

　個別の公社債の価格が quote されるのではなく，代表的銘柄を中心として「店頭気配値」が公表されている。

　公社債投資のリスクは，信用リスク（デフォルトリスク）と市場リスク（価格変動リスク）などから構成される。

第2節　公社債市場

2.1　国　　債

　国債とは，国庫の歳入不足を補うために政府が発行する債務証書である。わが国では，公共部門の資金不足や石油ショックへの景気対策を反映して，1970年代から大量の赤字国債発行がなされるようになった。財政赤字を賄うために発行される国債は，これまでわが国でもっとも信用度の高い債券であったもので，ケインズ的な総需要管理政策のもとで景気刺激策の一環として発行されてきた。

(1)　国債の種類
　国が歳入の不足を補うため発行する債券である国債には，新規財源債（建設国債と赤字国債），借換債（過去に発行した分の借り換え），財投債の3つがある。別の分類をすれば，国債は，投資的経費に充てる建設国債と，経常的経費を賄う赤字国債に分けられる。また，国債には，財源調達を目的とするもののほか，一時的に国庫の資金繰りを賄うために発行される政府短期証券や短期国債がある。

　債券としての国債には，利付国債（利付国庫債券）と割引国債がある。満期の長さで分類すると，超長期国債（20年以上），長期国債（10年物），中期国債（2年，5年），個人向け国債（5年物と10年物），短期国債（TB），政府短期証券（FB）などに分けられる。このうち，短期国債は，1998年までは日本銀行引き受けが大部分を占めていたが，現在は，原則として公募で引き受けられている。

　財務省は大量発行時代を乗り切るため，2003年には小口で買える個人向け国債の発売を始めており，さらに，2004年3月には，消費者物価指数に連動

して元本が増減する物価連動債の発行が始まった。

　財政健全化の見地から国債発行については厳しい制限がある。1つは，建設国債の原則であり，もう1つは市中消化の原則である。後者は財政法第5条に基づくもので，日本銀行による国債の直接の購入は禁じられており，金融市場から入札によって購入することになっている。

　このように規定される国債は，国が徴税権をもっているため，デフォルトの危険性のない，一国の金融資本市場においてもっともリスクの少ないリスク・フリー（安全資産）の債券とみなされている。後に第10章貨幣供給の章で説明するように，国債はマネーストック（通貨集計量）のうち広義流動性に含まれている。国債は売買額の大きい厚みのある流通市場があるため高い流動性を持っており，そのうち，新発10年物国債の金利は，長期金利の指標（ベンチマーク）として位置付けられている。

(2) 取引方法

　国債の取引方法には，①現物取引，②現先取引，③先物取引，の3つがある。先に述べたように，債券取引は銘柄ごとに発行条件が異なるため，取引所での集中取引になじみにくく，国債の現物取引は，ディーラー間取引や店頭取引によっている。もっとも期近に発行された長期国債が，ベンチマークとみなされる。

　国債の現先取引は，条件付き売買であり，国債を用いた短期金融取引の1つである。1999年3月の有価証券取引税廃止にともなって売買は増加傾向にある。現先取引の大半は，短期国債や政府短期証券である。

　先物取引では，取引対象の決済期日は3カ月ごとの年4回，国債先物商品が東証に上場され，また海外では，ロンドン，シンガポール市場でも売買されている。

　既発行の国債は，これまで銀行のシンジケート団によって引き受けされていたが，この仕組みは2006年に廃止された。またこのほかに，公募入札ならびに資金運用部による引き受けが行われていた。市場実勢に見合った発行条件の設定・弾力化と，公募入札方式の拡大により，流通市場と発行市場との一体化

が進んできた。国債管理政策として，発行量や新発債券のタイミングを図ることがなされている。

(3) 国債発行の増加とその影響

2010年，ギリシャやアイルランドでの財政破綻可能性に基づくユーロ圏での信用不安は，世界的な金融不安にもつながる重大な問題となったことは記憶に新しく，国債発行の増加がマクロ経済に与える影響が各国で深刻になっている。

わが国では，国債ならびに借入などを含めて，2016年度には，普通国債の残高が865兆円にまで達し，さらに国および地方の長期債務残高が1,093兆円となった。国債の返済可能性を示すソブリン格付けが引き下げられるなど，国債の評価は弱含みになっている。このように，もっとも信用度の高い安全資産として位置付けられる国債も，日本政府の債務残高が膨大になってきたことから，信用を失う可能性があることが指摘されるようになっている。

わが国の国債残高の累増の原因をみてみると，1990年代は公共事業関係費が主たる要因であったが，近年では，わが国で急速に進んでいる高齢化の進行などにともなう社会保障関係費の増加が主な要因になっている。景気悪化による税収の落ち込みも指摘できる。このような厳しいわが国の財政事情は，先進国でも最悪のランクに入るものであるといってよい。赤字国債の累積が国家財政の自由度を奪うことになることは，こうした数字をみるだけでも容易に理解することができるにもかかわらず，わが国ではこれまでのところ財政再建は思うように捗っていない。

(4) 財政健全化の指標とプライマリーバランス

そこで，財政健全化の指標として，債務の累積を示すストックの指標や，毎年度の収支を示すフローの指標を挙げておこう。

ストックの指標である債務残高対GDP比は，一般政府や地方政府が抱えている借金の残高を，国内総生産（GDP）と比較して考える指標である。

また，財政健全化のフローの指標に，プライマリーバランス（基礎的財政収

支）概念がある。これは，

プライマリーバランス＝租税収入−（歳出総額−国債費）

と表され，租税などの収入から，国債費を除いた歳出総額を除いたものとして定義される。プライマリーバランスは，ある時点で必要とされる政策的な経費を，その時点の税収等でどれだけ賄えるかを示している指標である。上の定義式から分かるように，プライマリーバランスが均衡していれば，財政支出を新たな国債発行に頼らずにその年度の税収などで全て賄うことができ，国債残高が増加することはない。一国の国債残高を減らすには，したがって，財政支出を減らす一方増税によって税収を増やすことで，プライマリーバランスを黒字化していくことが必要である。

2017年度におけるわが国のプライマリーバランスは，赤字幅が10.8兆円になるとの推計値が，財務省から発表されている。このように赤字幅が膨らんだのは，リーマンショックによる金融危機に対応するための景気対策で歳出が嵩んだことに加えて，税収が減少したのが主因である。

これらの数字からも分かるように，わが国の財政再建は依然として険しい。また，わが国の国債の特徴として国内投資家がほとんど保有している「ホームバイアス」が指摘され，海外投資家の影響力がこれまで小さかった点も指摘できる。

2.2 普通社債（事業債，SB）

社債（事業債）とは，金融機関以外の事業会社が発行する債券をいう。社債市場は，企業が広く投資家から資金調達を行う重要な市場である。

発行体企業にとってファイナンスの方法には，内部資金，銀行借入，社債という3つの手段があるが，とりわけ社債には，貸手である投資家が経営に関与しなくて良いという点から，経営権の確保ができる利点がある。社債は，発行体企業にとっては銀行借入と同様に負債であるが，銀行借入が相対取引（プライベイト・デット）であるのに対し，債券は不特定多数の貸手（投資家）から市場でファイナンスする手段（パブリック・デット）である。そして，定期的

に利子支払いがなされ償還日に元本の返済がなされる。

社債の発行は，引受会社（証券会社）が発行体企業から買い取ってから投資家に販売する形を取る。

わが国では，これまで国内の事業債発行には様々な発行規制があった。社債発行については，都銀を中心とする起債会という場で割り当て消化がなされ，発行銘柄，発行条件・量が協議される起債調整が施されるなど，社債発行は事実上，銀行貸出と同値であった。またそれと同時に，投資家保護を目的に，有担保原則が敷かれていた。国債市場に比べて日本の社債市場の拡大は遅れており，現在でも，公社債市場全体での社債市場の規模は，アメリカと比較すれば大きくはない。

その後，わが国では直接金融の進展，自由化などにともなって，公社債市場は，近年順調に拡大してきた。社債発行は，銀行借入とは代替的で，そのときどきの市場環境・需給状態によって起債状況・発行条件が変化する。

1980年代には，大手企業が，起債条件が緩く起動的な社債発行が可能な海外市場に発行をシフトさせる「国内社債市場の空洞化」現象が生じていた。流通市場の取引価格は自由であったが，発行市場の応募者利回りは市場実勢よりも低く，したがって投資家は債券を売却すると必ず売却損を被るという構図であった。さらに，新発事業債は，そのほとんどが金融機関の貸出の一形態として取得・保有されていた。このように，最近まで社債市場は強い人為的規制下にあり，発行条件（応募者利回り）が市場金利を下回っていたため，超過供給の状態にあった。しかし，各種の金融自由化措置がなされてきた現在では，公社債市場は，活発に取引が行われている。

社債の発行は一般に固定金利で行われ，5～15年におよぶ長期的かつ安定的な資金調達手段である。発行の方式には，公募と私募，担保付きと無担保があるが，最近は，ほとんどが無担保での発行が行われているようである。

安全資産である国債利回りと社債利回りの差として定義されるスプレッドは，社債格付けと企業の信用力を反映するものである。企業の信用力が高いとスプレッドは小さくなり，逆に信用力が低くなるとスプレッドは大きくなる傾向がある。

社債市場は，先に示したように厳しい起債調整などにより規制されていたが，国債流通市場の発達を受けて無担保債が導入されたり，引受・受託手数料の引き下げがなされ，さらに，規制緩和措置として「適債基準」が撤廃（1996年）されることなどを通して市場が拡大してきた。格付けにおいて投資適格ではないジャンク債も発行可能になったが，実際問題として，わが国ではジャンク債はほとんど存在しない。また，発行会社の財務内容に一定の制限を付加する規制である「財務制限条項」も撤廃され（1996年），わが国の社債市場は順調に拡大している。

　1980年代後半には，海外市場での転換社債CB，ワラント債WBの発行が増えるなど，株価上昇にともなっていわゆるエクイティファイナンス（新株発行をともなう資金調達）が盛んになり，バブル崩壊後に減少した。主要企業の社債による資金調達比率が上昇し，大企業の銀行離れが起きたことが指摘されてきた。

2.3　金融債

　金融債は，かつて長期信用銀行や，農林中金，商工中金などが主たる資金調達手段としていたもので，金融機関が発行することができる債券である。

　金融債には，利付金融債と割引金融債とがある。利付金融債は，発行時に金利が確定している固定金利商品で，償還期限が5年というのが一般的であり，半年複利の運用である。割引金融債は，額面から利息部分を除いた金額で購入し，満期時に額面価格を受け取る形のもので，償還期限は1年である。

　しかし，金融債は現在，金融再編や市場の構造変化，さらには銀行の社債発行開始などにより，発行額は減少している。金融機関の中には，利付金融債の発行を取りやめて普通社債に切り替えたり，個人向け金融債の発行停止などの変更する傾向もみられる。

　長信銀は，この金融債の表面金利に一定率を上乗せする形で長期プライムレートを決定して長期の貸出金利の基準としていたが，金融債が主たる資金調達手段ではなくなってしまった現在，市場金利を参考にしながら最優遇貸出金利

である長期プライムレートが決められている。

2.4 転換社債（CB）

　転換社債とは，一定期間経過後に始まる転換請求期間にいつでも株式に転換可能な債券をいう。エクイティ債ともいう。

　投資家が転換社債から株式に転換すると，株式転換後に社債は消滅して株式発行数は増加する。将来株価が上昇すれば，転換社債を株式に転換して市場で売却することで投資家は利益を得ることができ，逆に下落あるいは上昇しなければ投資家は，社債のまま保有することになる。

　転換社債は，社債保有者に株式転換のオプション（選択権）があるため，通常普通社債よりも低い発行コスト（クーポンレート）で発行されることで，発行体企業には利子負担の軽減が期待される。また株式への転換後には自己資本になるため，企業の財務体質強化につながるなどもメリットが考えられる。転換社債は，わが国では1970年代から本格的に発行されてきた。

　転換社債については，転換価値という尺度があり，

　　転換価値(理論価格) ＝ 株価 × 転換比率

で与えられる。ただしここで，転換比率＝転換社債の額面÷転換価格と与えられる。これは，転換社債と交換される普通株の数である。

　このように定義される転換社債は，社債価値と転換価値よりも高く評価される。

　さらに，転換価値は，

　　転換価値 ＝ 株価 ÷ 転換価格 × 100

とも書くことができ，これが転換社債の理論価格，すなわちパリティー価格である。また，乖離率という概念を，

　　乖離率 ＝ ((転換社債価格 － パリティ価格) ÷ パリティ価格) × 100 （％）

で定義する。この乖離率がプラスであれば転換社債は割高である。

2.5 ワラント債（新株引受権付き社債，WB）

　ワラント債は，ある期間内に一定の価格（権利行使価格）で一定数の新株を買いつけることができる権利（ワラント）が付与された社債である。これは投資家に新株を買う権利を与えるものであり，コール・オプションの1つである。わが国では，1981年に発行開始された。

　社債の発行時に新株購入価格（行使価格）が決められているため，株価が上昇して行使価格を上回れば，投資家は利益が得られる。そして投資家のこの権利行使によって企業が新たに発行する株式を受け取るため，総発行株式数が増加する。発行企業にとって，ワラント債は普通社債よりも低利での資金調達可能なので，新株発行による自己資本の充実につながる。

　ワラント債では，引受権と社債とは並存しているため，社債は償還まで消滅しない。このため，発行体企業には，長期資金が確保されることになる。1990年代に入りわが国では，株価低迷により株価が権利行使価格を下回ったため，新株引受権が行使されず，投資家は低い金利の社債を償還まで保有した。

　ワラント債には，債券部分とワラント部分が分離している分離型ワラントと，分離していない非分離型ワラントがある。

　なお，2002年の商法改正により，上記のオプションの性格をもった転換社債を，「転換社債型新株予約権付社債」と，ワラント債を「新株引受権付社債」と，それぞれ呼ぶようになった。

　これら転換社債，ワラント債と，経営者や従業員にあらかじめ決めた価格で自社株を購入する権利をもつ「ストック・オプション（株式購入権）」を総称して，「新株予約権」という。

第3節　株式市場

3.1　株式とは

株式（stock, share, equity）とは何であろうか。株式会社が発行する株を購入することは，投資家が企業に対して株主資本を提供して出資することである。株主になることは，法律上会社の所有者になることであり，その責任が出資額までに限定される「有限責任制（limited liability）」をともなうものである。資金調達を行う企業のサイドからみるとき，新株発行をともなうファイナンスを「エクイティ・ファイナンス」といい，負債によるファイナンスを「デット・ファイナンス」という。

株主の権利には，次の3つがある。

① 「株主総会議決権」：株式会社の最高意思決定機関である株主総会での議決権が与えられる。
② 「利益配当請求権」：株主への利益還元の1つである配当を受ける権利が与えられる。
③ 「残余財産分配請求権」：企業が経営破綻した場合，残余の財産を請求する権利である。

また，このような権利を与える株式には，次のような種類がある。

株式といえば，通常「普通株（common stock）」を指し，上記の3つの株主の権利すべてを有するものである。「優先株」とは，普通株より優先的に配当が得られる株であり，これとは逆に，配当を得られる順位が普通株に劣後するのが「後配株（劣後株）」である。ここで，普通株以外の優先株などは「種類株」と呼ばれる。

さらに，株式には，額面が決められている額面株式と，そうではない無額面

株式とがある。2001年の商法改正により，現在は無額面株に統一されている。

株主に払われる配当は，企業の業績によって変動するものである。また，前節で説明された社債や国債のように，元本が償還されることはない。流通市場で盛んに売買されており，高い流動性を有している。

株式の資産特性は，投資対象として高い収益性（成長性）とリスク（価格変動性，ボラティリティー）をともなうハイリスク・ハイリターンであり，元本保証がない。各種の金融商品の中で株式は，もっとも代表的な危険資産（risky asset）である。株式を所有するところから得られる収益は，配当収入（インカムゲイン）と値上り損益（キャピタルゲインあるいはロス）から成る。

3.2　株式市場の取引と仕組み

株式は，原則として，整備された証券取引所で集中的に取引される。

取引所市場での売買は，市場集中および競争売買（オークション方式）の原則が用いられていた。しかし，市場集中の原則については，1998年12月，株式売買の取引所集中義務撤廃され取引所外取引の解禁がなされたため，現在は市場取引のほかに，市場外の私設取引（PTS）が行われている。

わが国の証券取引所には現在，東京，大阪，名古屋，福岡，札幌という5つの取引所があり，このうち以前の大阪証券取引所は，2013年に東京証券取引所と統合し，日本取引所グループ（JPX）となった。これによって現物株の取引を東証に移管して，株式指数先物などデリバティブ（金融派生商品）取引は大阪取引所に集約された。

新興市場として現在，東証は，マザーズ，ジャスダック，TOKYO PRO Marketの3つの市場を運営している。この他に，名古屋証券取引所には，セントリックス，札幌証券取引所にはアンビシャス，福岡証券取引所にはQ-Boardという新興市場がある。アジアの新興市場で最大となった新市場の誕生によって，新興企業株の売買や新規株式公開（IPO）の回復につながることが期待されている。

このような証券取引所を通じての投資家による株式の売買は，証券会社に注

文が集約されて行われ，売買の注文方法には，あらかじめ売買価格を指定しない成り行き注文と，指定する指し値注文がある。

株式の取引には，①「現物取引」と，②リスクヘッジや投機を目的として，あらかじめ将来の売買価格を決めておく「先物取引」，さらに，③証券会社に一定の委託証拠金を預託して，株式の信用取引が可能になる「信用取引」，の3つがある。

3.3　株式の発行形態

新株の発行形態には，次の5つがある。

第1は，証券取引所に株式を新たに上場する「新規株式公開（IPO）」である。

第2は，「有償増資」で，投資家からの資金の払い込みをともなう増資をいう。

有償増資には3つの形態があり，「株主割当増資」，「一般公募増資」，「第三者割当増資」がある。このうち株主割当増資は，新株引受権を既存の株主に付与するものである。一般公募増資は，時価で広く投資家に新株を発行して資金調達することであり，増資というときには，この公募増資が用いられるのが一般的である。第三者割当増資は，特定の投資家から増資を行うものである。

第3は，「無償増資」で，新株を発行しても実際に投資家からの資金の払い込みのない形の増資を指す。具体的には「株式分割（stock split）」であり，発行されている株式を分割することで発行株式数を増やすことである。

第4は，「自社株買い（stock repurchase）」である。これは，企業の株主への利益還元の1つとして，株式を買い戻すことである。その目的としてさらに，自社株を買うことで，割安になっている株価を支えることなどが指摘されている。

第5は，本章の前半で解説したオプション性をもつ社債であるワラント債の権利行使や，転換社債の株式転換による株式発行である。

3.4 株価決定のメカニズム

株価は株式に対する需要と供給が等しくなるように決まるわけであるが、一方、株価決定の理論モデルとして理解されているものとしてここでは、割引配当モデル（DDM, dividend discount model）を提示しよう。

このモデルでは、株式の理論価格は、将来期待される配当の期待流列の割引現在価値の和として与えられる。これは株価の配当還元モデルと呼ばれるモデルである。株価形成に関連する情報が充分に反映されている効率的な市場としての株式市場と、合理的な投資家を想定する。さらに、配当の成長率を一定と仮定した一定成長配当割引モデルでは、得られる株価は、いわゆる「ファンダメンタルズ（基礎的条件）」を与えるものである。

記号を、P：株価、r：割引率（利子率）、d：配当、g：配当の成長率、とする。このような想定のもとでは、理論株価は、株式を保有することから得られる配当の期待流列の割引現在価値を計算することから求められる。

このとき、株価を与える式は、(7.1)式のように示される。

$$P = \frac{d}{1+r} + \frac{d(1+g)}{(1+r)^2} + \frac{d(1+g)^2}{(1+r)^3} + \cdots \tag{7.1}$$

これは、無限等比級数の和であるので、数列の公式を用いて計算することができる。したがって、割引配当モデル（DDM）の株価として、

$$P = \frac{d}{r-g} \tag{7.2}$$

を得る。この式を Gordon の公式とも呼ぶ。ただし、ここで等比級数の和が有限の値に収束することを保証するため、$r>g$ と仮定しておく。

(7.2)式から容易に分かるように、理論株価は、配当金額が上昇するとき、金利が下落するとき、配当の成長率が上昇するとき、上昇する性質をもってい

る。さらに，リスクプレミアムを割引率に加えると，リスクプレミアムが下落するときにも，株価が上昇することが確認できる。

このように得られる株価は，いわゆる「ファンダメンタルズ（基礎的条件）」を反映するのであるが，また株式市場の売買は，ケインズがかつて『一般理論』の中で指摘したように，多くの投資家の行動に基づいて売買取引が行われるため，「美人投票」といわれたように，マーケットの評価の方向性に依存するという性質をもつものと考えられる。

株価の動きにはまた，「アノマリー（変則性）」が存在することも知られており，もしそうであれば，株価の変動の規則性から超過利益が獲得可能であるという含意が得られることになる。

株価についてしばしば指摘されるバブルとは，いわゆるファンダメンタルズよりも株価が暴騰することをいう。資産価格の暴騰の後に，バブルが破裂して暴落する現象が問題視されている。

わが国では，日経平均株価が1989年末に最高値をつけた後，暴落したことから，株価や地価などのバブルが発生したことが指摘され，その理由として，1985年のプラザ合意以降の金融緩和政策などが挙げられた。これに対し，日本銀行は1989年から1990年にかけて5回の公定歩合の引き上げを行うなどの金融引き締め政策を行い，旧大蔵省が不動産業への貸出総量規制を行ったことで，バブルは収束に向かった。このように，バブル発生の背景に，金余りの状態があったことが認識されている。

3.5 株価指標

株式市場の全体の株価水準をみるための指標として，いくつかの株価指数がある。わが国の代表的な株価指標には，「日経平均株価（日経225）」と「TOPIX（東証株価指数）」がある。

日経平均株価（日経225）は，東証1部から選定された流動性の高い225銘柄を選び，これらの株価を除数で割り算して計算したものである。株式分割や銘柄入れ替えなど，市況変動以外の要因に左右されないようにするため，計算

式の分母にある除数に修正を加えたり，指数の連続性を維持するように調整がなされている．日経平均株価は平均値を取るかたちで計算されるため，株価水準の高い銘柄（値がさ株）の影響を受けやすいという性質がある．

TOPIX（東証株価指数）は，東証1部上場株式全体の動きを示す指標である．基準時を1968年1月4日にとって，東証1部時価総額を基準時点の時価総額で割り算することで計算するもので，

$$（算出時の時価総額 \div 基準時の時価総額）\times 100$$

で与えられる．このように，TOPIX は，東証1部上場企業の全銘柄の時価総額を指数化したものになっている．計算式から分かるように，TOPIX は，時価総額の大きい株の影響を受けやすい性質を持っている．

日経平均株価（日経225）と TOPIX の動きは，高い相関をもっていることが知られており，どちらの指標も，わが国の株価全体の動向を知るために重要な指標である．

日経平均株価を TOPIX で割った値を「NT 倍率」と呼び，株式市場全体の動向を知るのに利用され，NT 倍率が上昇している時は，日経平均株価の上昇率が TOPIX の上昇率を上回っている時，あるいは，TOPIX の下落率が日経平均株価の下落率を上回っている状況に対応している．

この他，株式相場全体の価値額を知る指標として，株価に発行株式数を乗じた「株価時価総額」も注目される．

3.6 株式の収益性指標

株式に対する収益性を表す指標（投資尺度）として，代表的なものをいくつか挙げておこう．

① $\text{配当利回り} = \dfrac{1 \text{株当たりの配当}}{\text{株価}}$ (％)

配当利回りは，その株の購入にともなって得られる1株当たりの年間配当額が株価の何％に当たるかを表す指標である．配当金が一定であれば，株価が下がれば配当利回りは高くなり，投資効率が上昇することになる．

配当利回りは，株式保有でもたらされるインカムゲイン（所得収入）の指標である。配当利回りはこれまで低位にあったが，現在わが国は，低金利状態にあるため，配当利回りは，預貯金金利などを上回る水準にある。

② 配当性向 ＝ $\dfrac{配当}{税引き後利益}$ （％）

配当性向は，企業の税引き後の利益に対する配当の割合を示すもので，1株当たりの年間配当額を1株当たりの利益で割ることで得られる指標である。配当性向は，ただ高ければ良いというものではなく，企業が設備投資や研究開発などにあてる資金に対応する内部留保とのバランスも重要である。配当性向は株主への利益還元の指標でもある。

③ 株価収益率 ＝ $\dfrac{株価}{1株当たりの税引き利益}$ （倍）

株価収益率（PER, Price Earnings Ratio）は，代表的な株式の収益指標で，株価を1株当たりの税引き後利益（EPS）で割ったものとして与えられ，1株当たりの利益の何倍で株が買われているかを示すものである。単位は「倍」である。先進国では，PERの数値が15～20倍が平均的であり，これよりも高いと株価は割高，これよりも低いと株価は割安である，などと判断される。

わが国のPERの推移をみると，1980年代に後半，いわゆるバブルの膨張期に60～70倍という高さまで上昇していた。これまでの研究では，こうした特徴の理由として，わが国特有の株式の相互持ち合いの影響も指摘されていたが，そうした効果を除いても，30～40倍程度の高水準であったと推計され，株式市場にバブルが発生していたと評価されている。

④ 株式益回り ＝ PERの逆数（％）

株式益回りは，PERの逆数で，株式投資への利回り概念に対応する。1株当たり利益を株価で割ったもので，単に「益回り」とも呼ばれる。たとえば，PERが20倍の株では，益回りは5％になる。益回りは，株価に対してどれほどの利益が出ているかを示すもので，これも株価の割高であるかどうかを知る指標の1つとして注目される。

⑤ 株式投資収益率 = $\dfrac{配当 + キャピタルゲイン}{株価}$ （%）

株式に投資したときの収益の高さを示す株式投資収益率は，株式を資産として保有したときの収益率を表しているもので，インカムゲインである配当収入と，キャピタルゲインである株価の上昇との和で与えられる。

⑥ 株価純資産倍率 = $\dfrac{株価}{自己資本}$ （倍）

株価純資産倍率（PBR, Price Book Value Ratio）は，株価の水準を測るとき，企業が保有するストックとしての資産に注目した基準で，株価が1株当たりの自己資本の何倍で買われているかを示す指標である。ここで，分母の自己資本は，1株当たりの純資産を指している。自己資本は，企業が解散するときの残余価値であり，PBRが1よりも小さいとき，株価は解散価値よりも過小評価されていることになる。

⑦ 株主資本利益率 = $\dfrac{1株当たり利益}{1株当たり純資産}$ （%）

株主資本利益率（ROE, Return on Equity）は，企業によって資本金がどれだけ効率的に使用されているのかを示す指標である。企業が生み出す収益の源は企業が所有する資産である，という認識に基づく投資尺度である。ROEが高いほど株主資本を効率よく使い，利益を上げて能力の高い経営がなされていることを示している。

また，このROEは，PERやPBRとの間に，ROE×PER=PBRという関係が成立している。

第8章　金利体系と金利の期間構造

第1節　金利(利回り)とは

　金融市場では，多種多様な金融商品（債券）が存在し，それらと関連して，多数の金利（利回り）が存在している。

　かつてケインズは，「金利とは，流動性を手放すための報酬」（『一般理論』第7章）といったが，いうまでもなく金利は，借り手が一定期間資金を借り入れたときに，貸し手に対して定期的に返済したり，満期時に元本と共に返済しなければならない利子のことをいう。

　現実には，銀行の預金や郵便局に関わる各種の預貯金金利，銀行や生保，信託銀行が融資を行うときの貸出金利，金融市場で成立する市場金利，債券（国債，社債ほか）金利（利回り），政策金利（中央銀行である日本銀行や政策金融機関（財投関連）の貸出金利），および国際金融市場におけるLIBOR金利，などがある。近年の金融市場の拡大と金融技術革新によって，実に多くの金利が存在するようになっており，それらは投資家の活発な金利裁定行動などによって互いに関連しあっている。

　本章では，まずこれら金利概念を整理して説明し，さらに，長期金利と短期金利の関係を説明する金利の期間構造理論について解説していく。

第2節　金利の機能

　金利は，資金に対する需給状態を示したり，将来の金利動向に対する市場参加者の予想を反映するといった重要な役割を果たしている。資金貸借が行われる特定の金融市場を部分均衡分析で考察するとき，資金の需給を調整するのが金利の役割である。第4章の考察でもあったように，資金需要は，金利の減少関数，資金供給は金利の増加関数になっている。

　金利はさらに，資金需給のバロメーター機能を果たすだけではなく，マクロ経済の景気動向，インフレ（あるいはデフレ）およびインフレ・デフレ期待，借り手の信用リスク，経済成長や人口成長率などの実物要因など，実に様々な要因を反映している。

　戦後わが国には，規制金利体系が施されていて，日本銀行の貸出金利である公定歩合がもっとも低位にあり，これを上回る水準に預貯金金利，さらに市場金利，貸出金利の水準が与えられるという構造であった。それに加えて，長期金利が短期金利を常に上回るという金利の期間構造をともなっていた。

　しかし，わが国でも金利決定に関する規制が順次撤廃され，1994年の預金金利の自由化措置によって金利体系すべてが完全に自由化されたことによって，金利は，その時々の資金需給の状況に応じて自由に決定されるようになっている。

　また，第4節で学ぶように，短期金利が長期金利を上回るという長短金利の逆転現象が発生する。

第3節 金利概念

　そこでまず,各種の金利概念ならびに単利,複利計算の方法について説明しよう。

　資金を運用するときには,単利と複利という2つの利回り計算の方法がある。だだし以下に説明するように,計算の方法は概念的には2つあるが,資金を運用する際の利回り計算では,複利計算が用いられることがほとんどである。

　いま,元金 M(円)を,年利率 r で n 年間運用するとき,元利合計 S は,元本のみに利子がつく計算方法である単利のときには,元利合計は次の(8.1)のようになる。

$$S = M(1+nr) \tag{8.1}$$

　利子が利子を生む形で元利合計が増えていく計算方法である複利計算では,元利合計は次の(8.2)のようになる。

$$S = M(1+r)^n \tag{8.2}$$

　複利計算において,さらに1年に2回(半年にそれぞれ1回)金利が付く計算を行う半年複利という方式では,n 年間運用したときの元利合計は,$S = M(1+r/2)^{2n}$ となる。ただし,そのときの利回りは年利率の半分になる。一般に,1年に k 回複利計算がなされるときの元利合計は,

$$S = M\left(1+\frac{r}{k}\right)^{nk} \tag{8.3}$$

となる。そこで,複利計算を行う回数を増やして k を大きくしていくと,結果として得られる元利合計は増大していく。複利と単利計算の将来価値の違いは,計算期間が短いときはさほどではないが,期間が長くなるにつれて元利合計の受取額には大きな差となり,複利計算の合計額が単利計算の合計をはるかに上回ることになる。

このkの値を無限大に取るという極限ケースを想定し，したがって，連続時間の資金運用を考えたときには，指数関数を使って，連続複利計算という概念を考えることができる。このとき，極限（$k \to \infty$ とする）の計算により，将来価値は，(8.4)として，

$$S = Me^{rn} = M\exp(rn) \tag{8.4}$$

を得る。ただし，こうした連続複利はあくまでも理論上のものであり，金融実務の上で使用されることはない。

以下では，債券利回り，預貯金金利，貸出金利，政策金利，市場金利，の各概念について順番に説明していく。

3.1 債券利回り

債券には，割引債（discount bond）と利付債（coupon bond）がある。

割引債は，額面よりも低い金額で売り出され，途中期間の利子支払いはなく，満期において額面で償還される債券である。利子支払いがないので，売り出し価格と額面の差額が，利子支払いに相当しているという性質をもっている。先に第5章で考察した短期国債などが割引債である。

利付債券は，毎期に確定額の利子（確定利子，あるいはクーポン）の支払いがあり，満期には元本と利子支払いがある債券である。金融債，社債や国債などが利付債券である。

債券の金利（利子）は利回り（yield）といわれ，債券市場の分析において，利回り概念には様々なものが存在している。ここで紹介する利回り概念は，満期まで債券を保有するときのものであり，最終利回りといわれるものである。

まず，割引債の利回り概念を考えてみよう。満期の時点まで投資家に対して利払いがない割引債の利回り概念は，簡単なものである。これには，単利と複利の利回り概念が定義される。

記号を，M：額面，P：売出価格，n：満期とすると，単利のケースでは，割引債の価格と利回りは，次のように表される。

$$P = \frac{M}{1+nr} \tag{8.5}$$

割引債は通常,額面よりも低い価格で売り出されるため,額面と売出価格との差額が投資家にとっての利子収入になる。(8.5)を利回りのrについて解くことで,単利ベースでの最終利回りは,

$$r = \frac{M-P}{Pn} \tag{8.6}$$

と求められる。

次に,割引債の複利ベース利回りのケースでは,債券価格と利回りとの関係式は次のように表される。

$$P = \frac{M}{(1+r)^n} \tag{8.7}$$

したがって,最終利回りは,これをrについて解くことで,

$$r = \left(\frac{M}{P}\right)^{\frac{1}{n}} - 1 \tag{8.8}$$

として与えられる。ここで得られた割引債の複利の最終利回りは,「スポットレート」とも呼ばれ,債券利回りの分析を行うときには基本となる重要な概念である。

次に,利付債券の利回り概念を考えよう。利付債券は,満期までの期間に利払いが行われるので,割引債よりも利回りの計算が複雑になる。

まず,複利ベースの最終利回りは,満期までの毎年の利子支払いcと,満期の元本償還との合計の割引現在価値を,債券価格に等しくする割引率rとして与えられ,次の(8.9)式で定義される。

$$P = \frac{c}{1+r} + \frac{c}{(1+r)^2} + \cdots + \frac{c+M}{(1+r)^n} \tag{8.9}$$

また,利付債の単利最終利回りを計算するには,利回りと債券価格との関係が次のように与えられるので,

$$P = \frac{nc+M}{1+nr} \tag{8.10}$$

これから,利付債の単利最終利回りは,

$$r = \frac{nc+(M-P)}{nP} \tag{8.11}$$

と計算される。

　単利の最終利回り，複利の最終利回りのいずれの利回り概念においても，債券価格と利回りとは，逆相関関係にあることが容易に理解できる。債券価格が高いときには利回りは低くなっており，逆に，債券価格が低いときには利回りは高くなっている。

　このように，割引債でも利付債でも，複利の最終利回りを具体的に求めるのは，上で示されたように計算が複雑であるため，わが国で公表されている金利データや金融の実務においては，国債など有価証券の利回りは，単利の最終利回りで計算されることがほとんどである。

3.2　預貯金金利

　各種の銀行預金金利（普通預金，定期預金，貯蓄預金など）や郵便局の金利（通常貯金，定額貯金など）がある。これらは，銀行や郵便局に預貯金を預け入れるときに，預金者に約束される金利である。民間金融機関の預金金利は，各行が自主的に決定する。郵貯金利は，ゆうちょ銀行が自主的に決定する。しかしながら，各金融機関の預貯金金利はほぼ横並びの状態であり，近時の全般的低金利傾向を反映して，現在わが国では，いずれの金利も極めて低い水準にある。

3.3　貸出金利

　貸出金利とは，銀行や保険会社などの金融機関が，企業などに資金を貸し出す際に適用する金利をいう。

　このうちプライムレートは最優遇貸出金利と呼ばれ，市場でもっとも信用度の高い企業への貸出に適用される金利である。金融機関は，このプライムレートをベースに，資金需給の逼迫度や借り手の信用度を考慮してプレミアムを上

乗せして融資を行っている。プライムレートには，1年以下の貸出に適用される短期プライムレートと，1年以上の貸出に適用される長期プライムレートとがある。

短期プライムレート（短プラ）は，以前は公定歩合に連動する形で決められてきた。近年，銀行が預金以外の市場性資金を多く取り込むようになっているため，1989年に新短期プライムレートが導入され，総合的な資金調達コストをベースに貸出市場の需給環境などを加味し，調達金利の加重平均コストを反映して総合的に決定されている。

長期プライムレート（長プラ）は，1年以上の貸出に適応されるものである。以前は，金融債の利回りに0.9％上乗せする形で決められていたが，1991年に導入された新長期プライムレートは，新短期プライムレートにスプレッドを上乗せする形で連動するように決められている。この新長期プライムレート（変動型：新短プラに連動）は，大企業向けの貸出金利の指標であり，住宅ローン金利決定の参考指標の1つになっているなど，長期資金の代表的な貸出金利である。これら短プラ，長プラは，いずれも金融機関が適用する貸出金利の下限であり，個別の融資先企業への貸出金利は，各銀行が独自に決めている。

民間金融機関の住宅ローン金利は，住宅購入にともなう借入に適用される金利で，これも長期金利の動向を知るうえで重要な金利である。

このほか，ロンドンなどの国際金融市場において重要な貸出金利であるLIBOR（ロンドン銀行間取引金利, London Inter Bank Offered Rate）は，金融機関同士が資金貸借を行うときの基準金利である。LIBORは金利スワップ取引においても，変動金利の基準になるものである。国際的指標金利として，英国銀行協会が各国の代表的金融機関の貸出金利を平均化して算出している。

わが国の指標金利として，TIBOR（東京銀行間取引金利, Tokyo Inter Bank Offered Rate）がある。これは，全国銀行協会がレートを提示しているもので，短期貸出金利の動向を知る指標になっている。TIBORにはさらに，①日本円TIBOR（…無担保コールレート実勢を反映）と，②ユーロ円TIBOR（…本邦オフショア実勢を反映）とがある。日本円TIBORは，コールの出し手レートに対応するもので，ユーロドル，ユーロ円金利との連動がみられる。

3.4　政策金利

わが国では，日本銀行の貸出金利であった公定歩合がこれまで政策金利であったが，現在日本銀行は，公定歩合という呼び方をやめており，政策金利は，誘導目標としている無担保コールレート翌日物金利である。また日本銀行の貸出金利には，基準貸付金利が用いられている。わが国の政策金利の概要については，第13章で再述する。

3.5　市場金利

わが国では，先進諸国と同様に，短期ならびに長期の金融資本市場が整備されており，銀行間市場（インターバンク市場）と公開市場（オープン市場）において市場の資金需給を反映して，金利が競争的に決定されている。

このうち市場金利は，主に1年以下の資金貸借に用いられる短期金利と，1年以上の資金貸借に用いられる長期金利とに分けられる。

代表的な短期金利には，金融機関が短期資金を貸借する市場であるコール市場の金利であるコールレート（無担保翌日物金利）や，大口預金金利であるCD（譲渡可能性預金）3カ月物金利などがある。これらは，いずれも短期資金に対する需給を示す金利である。

長期金利には，国債利回り，長期プライムレート，住宅ローン金利などがあり，これらは，長期資金に対する需給状態を示す指標になっている。

第4節　金利の期間構造理論

　金利と満期（残存期間）との関係を，金利の期間構造（Term Structure of Interest Rate）という。すなわち長期金利と短期金利との関係を示すものをいう。第4節では，この期間構造に関して提示されてきた様々な仮説を解説しよう。

　金利の期間構造をみるときに提示される利回り曲線（イールドカーブ）は，各種資産の満期（残存期間）と，それに対応する利回りとの関係を表す曲線である。図表8-1には，横軸に債券の満期（残存期間）を，縦軸に利回りを取った金利の期間構造を示す利回り曲線が提示されている。

　満期の長さと長短金利との関係は，図表8-1にあるように，右上がりのケース，平坦なケース，右下がりのケースがありうる。このうち，短期金利が長期金利よりも低く，利回り曲線が右上がりになっている状態を「順イールド」という。逆に，短期金利が長期金利よりも高く利回り曲線が右下がりになっている状態を，「逆イールド」という。利回り曲線が右上がりになっている順イールドが，通常の状態として考えられる。

　わが国では，高度経済成長期以降長く規制金利体系が敷かれていて，短期金

図表8-1　利回り曲線（イールドカーブ）

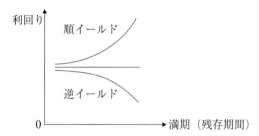

利は長期金利よりも常に低位に設定されていたので，利回り曲線は右上がりであった。期間構造は，もっぱら債券の流通市場での問題と認識されてきた。現実には，そのときどきの金融市場の需給状態など様々な要因によって，将来時点における短期金利の予想が変化するため，利回り曲線はしばしばシフトしていることが観察される。

わが国では，1970年代後半から，国債の大量発行を機に国債の流通市場が整備されて，本格的にオープン市場として機能するようになったため，期間構造理論の適用が可能になってきた。と同時に金利の期間構造は，国債管理政策を行ううえで重要になったという背景がある。

4.1 純粋期待仮説

長期金利と短期金利との関係を示す金利の期間構造を説明する仮説には，大別して純粋期待仮説と市場分断仮説の2つがある。以下，これを順番に説明していく。

「純粋期待仮説（Expectations Hypothesis）」では，次のような仮定をおく。

第1は，投資家は完全予見であり，かつ，完全情報（不確実性なし）のもとで合理的投資行動を取るものとする。リスクに対して投資家は中立的であるとする。

第2に，対象となる債券には，デフォルト（債務不履行）リスクはないとする。

第3に，取引コストや税金などはないとする。

第4に，各種の債券の間で裁定取引の障害はないものとする。

このような仮定のもと「純粋期待仮説」によると，投資家がリスクに対して中立的であり，各種の満期をもつ金融市場で自由な金利裁定がなされるとき，長期金利は，現在から将来までの短期金利の予想系列の平均に等しくなるように決定されると主張する。すなわち，投資家の裁定行為の結果，長期債券への投資と短期債券へのロールオーバー（ころがし）による投資とが無差別となる均衡の状態では，長期金利は将来の短期金利の平均値となる。

以下では，まず投資期間が2期間の単純なケースを取り上げ，次に n 期間の一般のケースを説明する。

(1) 2期間のケース

まず，説明を簡単にするため，現在と将来の2年間のケースで期間構造仮説を説明する。2年間の資金運用を考えるとき，2年物債券と1年物債券があるものとする。投資家には，このような状況のもとでは，2年物債券を2年間運用する方法と，1年物債券を購入し，さらに1年後に再度1年物債券を購入して短期債券をロールオーバーすることで運用するという2つの方法がある。今期の短期金利は既知であるが，来期以降の将来の短期金利は不確実なので，期待（予想）値を考えることにする。投資家のこのような金利裁定行動から，長期金利は以下のように，短期金利の平均値となることが示される。

記号を次のように決めよう。R：長期金利，i：短期金利，投資の元金を1円とする。このとき，2年物債券を2年間運用するときの元利合計を左辺に，1年物債券をロールオーバーすることで運用するときの元利合計を右辺におく。ただし，来年の1年物金利は現在時点では未知なので，予想値（期待値）として i^e と記しておく。いまどちらかの方法で運用したときの収益が大きいときには，すべての投資家がそちらを選ぶため，どちらの運用方法も選択される均衡の状態では，収益率が等しくなっていることが必要である。したがって，

$$(1+R)^2 = (1+i)(1+i^e) \tag{8.12}$$

が成立していなければならない。さらに，この式を展開して，金利どうしを掛け合わせた項を無視することにすると，長短金利の関係を示す近似式として，

$$R \fallingdotseq \frac{1}{2}(i+i^e) \tag{8.13}$$

を得る。これから，長期金利は，現在の短期金利と将来の短期金利の平均値となることが分かる。(8.13)式から，たとえば，今年の短期金利が5%，来年の短期金利の期待値が7%であるとき，長期金利はこれらの平均をとっておよそ6%になる。

純粋期待仮説が成立するとき，将来の短期金利が上昇するであろうと人々が予想するときには，長期金利は短期金利を上回ることになり，利回り曲線は右上がりの形状を示す。逆に，将来短期金利が下落するであろうとする予想が市場を支配すると，長期金利は，短期金利を下回ることになり，したがって，長短金利の逆転が発生し，利回り曲線は逆イールドになる。

(2) n 期間のケースへの拡張

2期間と同様の議論から，長期債で運用したときと，短期債券で運用を繰り返す（ロールオーバーする）とき，将来の短期金利の期待値を，$i_2^e, i_3^e, \cdots$ などとすると，（1）の2期間のケースで示されたのと同様に，長期金利は，短期金利との関係で次のように表される。

$$R \fallingdotseq \frac{1}{n}(i_1 + i_2^e + \cdots + i_n^e) \tag{8.14}$$

純粋期待仮説によれば，長期金利は，現在から将来の短期金利の流列の平均値として求められ，将来の短期金利が上昇すると人々が予想するときには，長期金利は短期金利を上回り，利回り曲線は右上がりになる。また，利回り曲線が「逆イールド」になり長短金利の逆転現象が生じる状態は，期待仮説に従うと，市場で将来の短期金利が低下するという予想のもとに生じることが明らかになる。

期間構造から得られる重要な含意として，期待仮説が成立していれば，長期金利と短期金利とが一本の式で関連付けられるということである。したがって，金融政策によって短期金利に働きかけることだけで，長期金利を含めた金利体系全般に影響を及ぼすことが可能になるものと考えられる。

第13章で示されるように，日本銀行の量的緩和政策において期待された「時間軸効果」は，この期間構造を通じるものである。

4.2 市場分断仮説

「市場分断仮説（Market Segmentation Hypothesis）」では，各種金融市場間での裁定活動は不十分であり，長期ならびに短期の金利は，それぞれの市場の需給を反映して決定されると考える。この仮説の背景には，何らかの理由により，各資産の市場は相互に分断されていて代替性がないという認識がある。また，各種の規制措置や投資家の専門とする満期の領域が異なるという認識がある。

市場分断仮説によると，長期金利の動向は，将来の短期金利に関する期待（予想）の他に，リスクプレミアム，需給要因などによって規定されると考える。市場分断仮説には，さらに「流動性プレミアム仮説」と「特定期間選好仮説」の2つがある。

（1） 流動性プレミアム仮説

市場分断仮説の1つである「流動性プレミアム仮説（Liquidity Premium Hypothesis）」によると，危険回避的な投資家は，保有する資産の収益からのリスクをできるだけ少なくするために，その満期が計画期間になるだけ近いものを選択する傾向があると主張する。たとえば，生命保険会社や年金基金は，その資金運用の仕組みから長期的に安定的な収益を求めているため長期資金での運用が主であり，一方，銀行は，企業への融資は比較的短期でなされることが多い。

ここで，「流動性プレミアム（liquidity premium）」という概念に注目しよう。一般に，資金の貸手は短期の貸出を，資金の借手は長期の借入を好む傾向があることが知られている。したがって，投資家が長期の債券を保有するには，長期債券の利回りが，短期債券の予想される平均利回りを，流動性プレミアムの分だけ上回っていることが必要になる。この流動性プレミアムは，満期に関する増加関数とみなされ，満期が長くなるにつれて要求されるプレミアムは増大していくものと考えられる。

この仮説に基づけば、流動性プレミアムをβとすると、2期間モデルを前提にすれば、長期金利と短期金利の関係は、次のように表現できる。

$$(1+i)(1+i^e)+\beta=(1+R)^2 \qquad (8.15)$$

(2) 特定期間選好仮説

市場分断仮説の2つめである「特定期間選好仮説（Preferred Habitat Hypothesis）」によれば、投資家は、それぞれ特定の投資期間を選好し、プレミアムが支払われない限り他の投資期間には資金をシフトしないことが主張される。長期金利は、短期金利の予想平均値に、特定の債券市場の需給状態を表す項を加え合わせたものとして、与えられることになる。

したがって、たとえば、中央銀行が何らかの理由により短期金利と長期金利とを逆方向に動かそうとするとき、これらを操作する「ツイスト・オペレーション」が可能になるというインプリケーションが得られる。この「ツイスト・オペレーション」は、1960年代のアメリカ・ケネディ政権下で、内外不均衡を是正する際に用いられ、また、2011年にも米国のFRB（連邦準備制度理事会）が実施した。

第9章 デリバティブ

第1節 デリバティブ取引とリスクヘッジ，投機，裁定

　本章では「デリバティブ（金融派生商品）」として，先物取引，オプション取引ならびに金利スワップについて解説する。これらの金融商品は，いずれもその価値の源になる原証券があり，その価値に依存する形で価格が決まる構造をもっている新しい形の金融商品である。それ自身は資金調達者に対して請求権はなく，現物証券の保有に付随するリスクの転嫁機能のあるものをいう。したがって，デリバティブ（金融派生商品）は，「条件付き請求権（contingent claim）」とも呼ばれる。現在各国の金融市場のデリバティブには，先物，先渡し，オプション，スワップ取引など様々なものがある。これらは，1980年代以降取引が盛んに行われるようになった新しい金融商品である。

　これらのデリバティブの取引を行う目的には，リスクヘッジ，投機，裁定がある。

　第1は，「リスクヘッジ（保険）」機能である。これは，将来時点での売却あるいは購入価格を現在時点で確定することで，原資産の価格変動リスクを回避することである。現物取引とは反対のポジションをもつことで，価格変動リスクを除くことが可能になる。

　第2は，「投機（スペキュレーション）」である。これは，財の価格変動から積極的に利益を得ようとする経済行為である。将来の相場の予想に基づいて先物の買いや売りのポジションを持ち，利益を求める取引をいう。

　第3は，「裁定（アービトラージ）」である。裁定とは一般に，同一財の価格

差から利益を得ようとする行為であるが，ここでは，現物価格と先物価格との差から利益を得ようとする取引を考えている。

第2節　先物取引

　経済取引（売買・決済）は，現在時点で行われるものばかりではない。経済取引には，現在の時点で契約と取引とが同時に行われる「現物（直物）取引」と，契約は現時点でなされても，取引は将来の時点において行われる「先物取引」とがある。均一化された商品としてたとえば，各種の農作物，金属，債券，株式指数，金利などについては，将来の価格変動リスクをヘッジするために，現在時点で売買契約を行うことで，あらかじめ価格を決めてしまい，その決済を特定の将来時点で行う先物取引が盛んに行われている。現物取引で決定される価格を「現物価格」といい，先物取引による価格を「先物価格」ないしは「先渡し価格」などという。

　まず，先物取引の仕組みを理解するため，簡単な例を挙げてみよう。

[例1]　小麦の先物価格

　小麦の生産者と，小麦を生産過程の中間生産物として使用する製パン会社の例である。両者とも小麦の価格変動リスクを回避したいと思っている。小麦の生産者は，将来の小麦の収穫時点における販売収入を確定するため，あらかじめ小麦の売却価格を決めておきたいので，先物を売る契約を決める。一方，将来小麦を買う立場にある製パン会社は，将来時点で購入する小麦の価格を固定しようとして，先物の買い契約を結ぶインセンティブをもつ。

[例2]　輸出業者の為替予約

　輸出取引を行うとき，輸出業者が受け取る代金（ドル）は，輸出財を販売してから通常1〜2カ月後に受け取ることが多い。このため，輸出業者は，将来入手予定の輸出代金である外貨（ドル）を円に交換する通貨先物（先渡し）取引を利用して，受け取る円建ての輸出代金を確定することが必要にな

ってくる。外国為替の先物の場合には，先渡し（フォワード）取引になり，為替予約を入れるなどという。

2.1　先物取引の仕組み

先物取引とは，先に述べたように，将来のある特定時点における対象証券などの販売・購入価格を現在時点で決める取引のことをいう。先物の取引は，2つに分類され，「先物（フューチャーズ（futures））」と「先渡し（フォワード（forward））」とがある。前者の先物（フューチャーズ）は取引所で行われる市場取引であり，後者の先渡し（フォワード）は，契約を交わす当事者間においてなされる相対取引で，通常は決済日までポジションを解消することはない。

先物取引では，時々刻々競争的な取引のもとで価格形成がなされ，先物価格が日々形成される競売買市場取引である。先物取引を利用することによって，投資家は，様々な商品や債券・株式などの価格変動リスクを回避（ヘッジ）することが可能になる。

先物取引には，次のような特徴がある。

まず第1に，定型化された取引所での取引，契約が標準化されており，不特定多数の参加者が行う。売買取引の期限をとくに「限月」という。

第2に，先物取引の決済は，現物決済または「差金決済（cash settlement）」で行われる。ここで，差金決済とは，現物の受け渡しを行わず，取引価格と清算価格の差額で決済を行うことである。先物契約は，受け渡し日以前でも自由に売買可能なため，反対売買を行うことでいつでも決済することが可能である。利益または損失金額分だけ取引所を介して清算することができ，したがって，反対売買でポジションを解消する（手仕舞う）ことが可能である。このため，証拠金だけを払い，決済日，またはポジションを解消する日にのみ，現金が動く。

第3に，売買契約履行を保証するための「証拠金」が徴収される。さらに，先物取引では，この証拠金に対して「値洗い（mark-to-market）」が常になされる。ここで値洗いとは，毎日の取引日の終わりにおける精算価格を元に，証

拠金が毎日のポジションの利益・損失に加算される仕組みのことである。これは，将来時点での取引に，受け渡し日に債務不履行が生じるリスクがあるためであり，先物取引では，決済日の債務不履行を避けるために証拠金を事前に積み立てておいて，評価の更新作業が行われるのである。

2.2 先物取引の経済的機能

先物取引は，契約・決済・受け渡しのタイミングを現在と将来とに分け，取引条件を自由につけることで，キャッシュフローのパターンの幅を作ることが可能になる。先物取引の果たしている経済機能には，次のようなものがある。

第1はリスクヘッジ機能であり，リスクのコントロール手段としての機能である。デリバティブ取引は，そもそも農作物の先物から始まり，先物を利用することから，天候など予期できない要因によって発生する価格変動リスクを排除することが可能になる。また，株価，為替レート，金利など金融変数の変動性の高まりによって，企業財務担当者はこれまで以上にリスクコントロールが重要になっている。投資家の保有する現物ポジションと反対のポジションを先物でもつことで，現物ポジションにかかる価格変動リスクを減少させる。すなわち，現物保有に基づく損益を先物の損益で相殺させることで，投資全体の収益の安定化を図ることができる。さらにこうした先物・オプション取引の存在は，完備された市場を実現して，市場の効率的資源配分の達成に寄与する。

第2は，価格発見機能であり，原資産の将来価格に関する情報を与え，現資産の現物価格を適正化する。

第3は，先物取引を投資家に可能にすることを通じて，新たな投資機会（裁定，投機）を提供することである。

第4は，先物市場が整備されることで，原資産の現物市場での流動性を向上させることである。

先物取引は，将来の現物価格に関する情報を提供し，資産市場の効率性や債券の流動性向上が期待される。

2.3 先物保有の損益パターン

先物取引を行うことでどのような損益を生じることになるか。先物を買うときと売るときとに分けて，簡単な図を挙げながら確認していこう。こうした先物取引を行うにあたり，投資家がもし将来の価格の動きを完全に予見する能力を持っていれば，先物取引をすることで無限の利益を得ることが可能になることも容易に分かる。

(1) 先物買い持ち（ロングポジション）

将来時点で資産を先物契約で買う取引をいう。決済日における現物価格が契約した先物価格よりも高いときには，先物買い・現物売りという反対売買を行うことで利益を得ることができる。このポジションを保有するのは，投資家が原資産の値上がり予想をもつときである。このような買い持ちポジションは，将来時点（限月）において，現物を確実な価格で購入するときに用いる。

先物の買い持ちポジションをもっているときのペイオフ（損益）を図示すると図表9-1のようになる。横軸に決済日における現物価格をとり，縦軸に先物取引からの純利益をとると，先物価格で横軸を切った右上がりの45度線で表現できる。投資家の予想通りに現物価格が将来上昇すれば，投資家はいくらでも大きな利益を得ることができる。

図表9-1 先物買い持ちのペイオフ

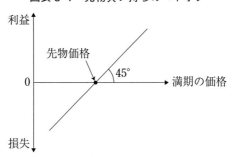

(2) 先物売り持ち(ショートポジション)

将来時点で資産を先物契約で売る取引を指す。投資家は，契約時点において必ずしも現物を保有している必要はない。現物を保有していないまま売り持ちポジションをもつことを，とくに，空売り (short selling) という。先物売り契約をすることで，決済日における現物価格が契約した先物価格よりも低いときには，先物売り・現物買いを行うことで利益を得ることができる。このような売りポジションは，原資産の値下がり予想をもっていて，将来時点(限月)で保有する現物を確実な価格で売却したいときに用いる。

先物の売り持ちポジションをもっているときのペイオフ(損益)を図示すると図表9-2のようになる。横軸に決済日における現物価格をとり，縦軸に先物取引からの純利益をとると，先物価格で横軸を切った右下がりの45度線で表現できる。

先物売り契約のうち，とくに直物買いと先物売り(ヘッジ)を組み合わせるやり方を「キャッシュアンドキャリー」といい，先物価格が割高のときに行われる。

図表9-2 先物売り持ちのペイオフ

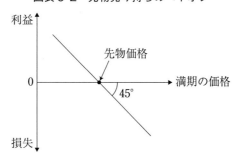

2.4　先物価格と現物価格との関係

　先物価格は，毎日開かれる先物市場において需給が一致するように決定される。先物価格と現物価格との関係は，

　　　「先物価格」＝「現物価格」＋「持ち越し費用（carrying cost）」　　　(9.1)

と表されることが分かっている。ここで，現物価格と先物価格との差のことを「ベーシス」という。これは，決済日まで先物を保有したときの持ち越し費用に等しいもので，理論的には決済日の時点でゼロになる。言い換えれば，決済日に近づくにつれて先物価格は現物価格に近づく傾向があり，最終的に，決済日には両者は一致する。取引コストなどの存在から，ベーシスは理論値から乖離することがあり，これを「ベーシスリスク」と呼ぶ。

第3節　オプション取引

　オプション取引とは，取引の対象となる資産を，ある価格で決済日（あるいは決済日までの任意の時点に）に，買い取る，あるいは，売却する権利の取引をいう。ここで，取引の対象となる資産のことを「原資産」といい，オプション取引者が権利を行使するときの価格を，「権利行使価格」という。

　オプションの仕組みを利用することにより，買い手は，オプションプレミアムを支払って，リスクを回避することが可能になる。他方，オプションの売り手は，プレミアムを受け取り，進んでリスクを取る投資家と考えられる。

　オプション取引には，取引所取引の対象となる日経平均株価オプションなどの「上場オプション」と，店頭取引の対象になる通貨オプション，債券オプションなどの「店頭オプション」がある。

　一見複雑なデリバティブを設計する目的は，原資産の価格変動リスクを回避することにあり，またときには，積極的にリスクを取って利益を得ることも可

能である。

　したがって，オプションは，価値のある別の資産（「原資産」ないしは「本源的証券」）の価値に依存する証券ということができる。オプションは，それ自身では原資産発行者に対して請求権はなく，価値のある別の資産価値に依存する証券であるため，本章の冒頭で述べたように，デリバティブ（金融派生商品），あるいは「条件付き請求権（contingent claim）」と呼ばれる。

　オプション取引に関わる未決済の取引残高を「建玉」という。原資産の価格変動リスクが高まっていると市場参加者が判断するとき，建玉で示される未決済の取引残高が増えていく傾向が確認できる。

　このような機能をもつオプション取引の特徴は，次のようである。

　第1は，先物取引と同様なリスクヘッジ機能であり，オプションは投資家にリスク回避の手段を与える。オプション取引では，リスクは売り手が負い，買い手はプレミアムを支払うことでリスクヘッジ（回避）を行う仕組みになっている。

　第2に，オプションの売り手と買い手の損益は全く対称で，ゼロサムゲームになっている。すなわち，オプションの買い手と売り手の損益の合計は常に0になっているという意味において，ゼロサムゲームである。ただし先物取引と同様に，オプション取引に投資家の資産価格変動リスクをヘッジ（回避）する機能があるといっても，経済全体からリスクを完全に排除することは可能ではなく，一方の取引当事者（すなわちオプションの買い手）が被るリスクを一定限度以下にすることができる仕組みである。

　第3に，高いレバレッジ効果があり，オプション取引では，オプションプレミアムという少ない元手で，大きな額の取引が可能になる。

　第4に，オプションは，多様な投資戦略を作り出すことが可能であるため，投資家は積極的な投資戦略ができる。またオプション取引は，帳簿上オフバランス項目である。

3.1 オプションの分類

それでは，オプションの身近な例をいくつか挙げてみよう。

生命保険や損害保険など各種の保険契約は，契約者と保険会社との間でのプットオプション契約とみなせる。保険契約の履行は，契約者が，事故などによって生じた損害を保険会社に売ることに対応している。第7章公社債市場で解説したワラント債，転換社債は，投資家に新株の引受や，株式へ転換するオプション（選択権）が与えられているものであった。

オプションには，「コール・オプション」と「プット・オプション」という分類と，「アメリカン・オプション」と「ヨーロピアン・オプション」という分類がある。以下では，これらオプションの性質を説明し，さらに，オプションのペイオフ（利得）がどのように与えられるかをみていこう。

(1) コール・オプション

決済日（満期日），あるいは決済日までの任意の時点に，権利行使価格において契約量だけ原証券を（オプションの売り手から）買い取る権利を，「コール・オプション」という。一般には，原資産が値上がりしたときに権利行使がなされるリスクヘッジ手段である。

コール・オプションの買い手は，売り手にプレミアムを支払い，資産の価格変動リスクを回避（ヘッジ）する保険機能をオプションに求めていることになる。買い手は，権利行使日に原資産の価格がいくらになろうとも，権利行使価格で売買可能であるため，利益を確定することができる。一方，コール・オプションの売り手は，リスクを負ってもプレミアムを得ようとする一種の投資を行っているものと考えられる。

コール・オプションの買い手は，予想通りに原資産が値上がりしたときに権利を行使し，コール・オプションの売り手から購入する。コール・オプションの買い手には，原資産に対して権利行使してこれを購入する権利はあるが，義務はない。したがって，値上がり予想が外れて権利行使しなかったと

きには、損失は、契約時に払ったオプションプレミアムだけで済むことになる。

一方、売り手には、コール・オプションの買い手が権利行使したとき、これに従う義務があり、その時点において、現物市場で原資産を購入してきてコール・オプションの買い手に売却する。価格変動のリスクを負ってもオプションプレミアムを得たいという投資家が、売り手になることになる。

(2) プット・オプション

決済日（満期日），あるいは決済日までの任意の時点に，権利行使価格において契約量だけ原証券をオプションの売り手に売却する権利を，「プット・オプション」という。一般には，値下がりリスクをヘッジするために利用されるものであり，したがって，通常は，原資産が値下がりしたときに権利行使がなされる。

プット・オプションの買い手は，予想通りに原証券が値下がりしたときに権利を行使し，原証券をプット・オプションの売り手に売却する。プット・オプションの売り手は，プット・オプションの買い手が権利行使したときにはこれに従う義務があり，プット・オプションの買い手は，その時点において現物市場で原証券を購入してきて，プット・オプションの売り手に売却する。こうして，買い手は，原証券が値下がりしたときに権利行使することによって，利益を得ることができる。

(3) アメリカン・オプションとヨーロピアン・オプション

オプションを権利行使日に関して分類すると，「アメリカン・オプション」と「ヨーロピアン・オプション」とに分けられる。

アメリカン・オプションは，満期日，あるいは権利行使日までの間にいつでも権利行使が可能なオプションである。一方，ヨーロピアン・オプションは，満期日のみ権利行使が可能なオプションである。

(4) オプションのペイオフ

先物のポジションの価値はゼロであるが、オプションの価値はゼロではない。オプションの買い手は、価格（オプションプレミアム）を支払い、売り手（発行者）は、権利の売却と交換にオプション価格を受け取る。先に述べたように、オプションの買い手は、権利行使日には必ずしも権利を行使する義務はないが、売り手は、買い手が権利行使をした場合には、必ず原証券の売買を行わなければならないという非対称性がある。

コール・オプションでは、原証券価格と、オプションの権利行使価格との関係として、原証券の満期日の価格（S_T）＝権利行使価格（K）であるとき、「アット・ザ・マネー」の状態にあるという。原証券の満期日の価格（S_T）＞権利行使価格（K）であるとき、「イン・ザ・マネー」の状態にあるといい、これはオプションを今すぐに行使したときに、正のキャッシュフローが得られる状態にあることを意味している。このとき、このオプション契約に、内在的価値（intrinsic value）があるという。原証券の満期日の価格（S_T）＜権利行使価格（K）のとき、「アウト・オブ・ザ・マネー」といい、これは当該オプションがすぐに権利行使したときに利益を得ることができず、内在的価値のないことをいう。

3.2　コール・オプションのペイオフ

記号を、S_T：原証券の満期日（T）の現物価格、K：権利行使価格、C：オプションプレミアム、とすると、オプションの買い手と売り手の収益を、次のように表すことができる。

買い手の収益は、原証券の満期日の価格が権利行使価格よりも高くなって、$S_T>K$であるとき、オプションの買い手が権利行使するため、S_T-K-Cと表される。一方、原証券の満期日の価格が権利行使価格よりも低く、$S_T<K$のとき、権利行使が行われないので、オプションプレミアムが支払われるだけなので、$-C$と書ける。ここで、$\max\{a, b\}$で、aとbのうち大きい方を示すことにすると、買い手の収益は、

図表9-3 コール・オプションの買い手のペイオフ

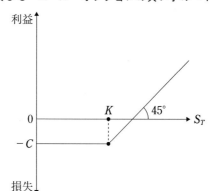

$$収益 = \max\{S_T - K - C, -C\} \tag{9.2}$$

となる。

したがって、コールオプションの買い手のペイオフは、図表9-3のように示される。この図から分かるように、原証券の価格が上昇すればするほどコール・オプションの買い手の利益が増えていく。逆に、原証券の価格が予想に反して下落したときでも、買い手の損失はオプション料までに限定される。

一方、売り手の収益は、そのオプションの買い手の収益の符号を逆にしたものなので、整理した結果を示すと、次のようになる。

$$収益 = \max\{C + K - S_T, C\} \tag{9.3}$$

3.3 プット・オプションのペイオフ

記号をコール・オプションの説明と同じにしておくと、プット・オプションの買い手と売り手の収益を、次のように表すことができる。

買い手の収益は、満期日の原証券の価格が権利行使価格よりも低くなって、$S_T < K$ であるとき、プット・オプションの買い手が原資産の売却という権利を行使するため、$-S_T + K - C$ となる。一方、$S_T > K$ のとき、買い手の権利行使がなされないので、オプションプレミアムが支払われるだけで、$-C$ と書

図表9-4 プット・オプションの買い手のペイオフ

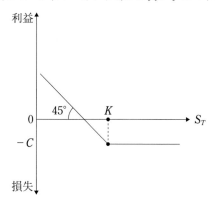

ける。これらを整理すると,買い手の収益は,次のようになる。

$$収益 = \max\{-S_T + K - C, -C\} \tag{9.4}$$

(9.4)式のように表されるプット・オプションの買い手のペイオフが,図表9-4に示されている。この図から分かるように,原証券の価格が下落すればするほどプット・オプションの買い手の利益は増える。逆に,原証券の価格が予想に反して上がったときでも,その損失はオプション料までに限定される。

3.4　オプションプレミアムの決定

オプションプレミアム(価格)の決定要因は,「本質的(内在的(intrinsic value))価値」と「時間価値(time value)」という2つの価値から構成されていると考えられる。本質的価値は,オプションをただちに権利行使することで得られる利益の価値のことをいう。時間価値(time value)は,いますぐにオプションを行使せずに,最終的にオプションが内在的価値をもつ可能性を意味する,追加的な価値をいう。オプションプレミアムは,これら2つの価値の和として決まる。

オプションプレミアムの決定要因(特性)を整理すると,図表9-5のようになる。原資産価格や権利行使価格がそれぞれオプションプレミアムに与える効

図表 9-5　オプションプレミアムの決定要因

	コール・オプション	プット・オプション
・原資産価格	+	−
・権利行使価格	−	+
・満期日	+	+
・原資産の価格変動性	+	+
・金利	+	−

果は，収益を表す式から明らかである。満期日までの長さは，時間価値が将来の原証券の価格変動にともなう利益機会の広がりを反映したもので，オプション保有者には有利な変動を示す可能性があり，どちらのオプションにもプラスの影響が及ぶものと考えられる。金利の影響は，将来の権利行使価格の現在価値に与える効果から従うものである。原資産の価格変動性は，それが高いとオプションの価値が出てオプションの価値が増すことなどから得られる。

3.5　オプションの応用例

オプション取引では，投資家は，多様な投資戦略を作り出すことが可能であると記したが，ここでは，オプションの応用をいくつか紹介しておこう。

「プロテクティブ・プット」は，原証券の値下がりリスクをヘッジする手段である。プロテクティブ・プットは，原資産1単位の買い持ちとともにプット・オプションの買いポジションを持つもので，これによって，コール・オプションと同じペイオフ構造を作り出すことができる。「カバードコール」では，原資産1単位の買い持ちとともにコール・オプションの売り持ちポジションとすることで，プット・オプションと同じペイオフ構造を作り出すことが可能である。

このほかに，為替レートや金利変動に対するリスクヘッジ手段となる通貨オプションや金利オプション，オプションの構造を内包した金利スワップであるスワップション，さらに，最近は，天候変化によって生じるリスクのヘッジ手

段である天候デリバティブなどがある。

第4節　スワップ取引

　デリバティブ取引の1つであるスワップ取引について説明しよう。
　スワップとは，元来，等価値のものの「交換」という意味である。デリバティブのスワップ取引において交換するのは，将来にわたって発生する利息である。
　スワップ取引には，以下に説明する「金利スワップ」と「通貨スワップ(currency swap)」がある。ここでは，同一通貨の金利支払いの交換を意味する「金利スワップ」について解説する。金利スワップ取引は，1980年代初頭に，世銀とIBMとの金利支払いの交換から始まったもので，その後，国際金融市場で急成長した。「通貨スワップ」は，異なる通貨間で将来の金利と元本を交換するのが通貨スワップである。金利スワップとは異なり，満期日に元本の受け取りと支払いの双方が行われる。たとえば，ドル金利を受け取って，円金利を支払うといったものである。

4.1　金利スワップ

　「金利スワップ(interest rate swap)」は，同一通貨かつ同一金額の元本をもとに，あらかじめ決められた取り決めに基づいて将来のキャッシュフローを交換する2人の間での契約であり，異なる種類の金利支払い（キャッシュフロー）を交換する取引である。
　とくに，将来交換されるキャッシュフローが金利であり，受け払いされる金利が同じ通貨であるスワップのことを金利スワップという。金利スワップでは一般的に，金利スワップは元本同士を交換せず，支払い金利だけを交換する。
　金利スワップは，金利を対象とするデリバティブ取引の1つで，同一通貨間

で異なる種類の金利を、取引の当事者間で交換（スワップ）する取引をいう。もっとも多い取引としては、固定金利と変動金利（LIBOR, TIBORなど）の交換があり、円の金利スワップでは、固定金利と6ヵ月LIBORとを半年ごとに交換する取引などが具体例として挙げられる。金利スワップのもっとも代表的な固定金利と変動金利の交換を「プレーンバニラスワップ」という。

　取引規模の拡大が著しいスワップ取引（債務あるいはキャッシュフローを交換する取引）の成立理由として指摘されるものは、次のとおりである。すなわち、（長期）固定金利調達と（短期）変動金利調達との間で、当事者同士の調達コストの格差（これを、quality spread differential：「信用力格差」という）が存在することから、国際貿易理論の教える「比較優位の原則」を金融市場にも適用したうえで理解しようとするものである。格付けの高い企業が固定金利調達を行い、格付けの低い企業が変動金利調達を行い、それぞれ比較優位をもつ方法でまず資金調達を行う。その後、両社の間で金利スワップ取引契約を交わして金利支払い債務を交換することでともに希望どおりの金利支払いに変換でき、実質的により低利で資金調達が可能になるという考え方である。

　円の金利スワップ取引では、固定金利と6カ月LIBORとを半年ごとに交換する取引などが具体例として挙げられる。金利スワップで通常用いられる変動金利はLIBOR（ロンドン銀行間取引金利）であり、これと交換される固定金利が金融市場で提示され、これがスワップ金利（スワップレート）と呼ばれる。スワップレートは、中長期の指標金利の1つになっている。

　このような金利スワップ取引では、通常、銀行などスワップ仲介機関が一方の当事者になってアレンジしたうえで、事業会社や金融機関と契約を行う。

　スワップ取引で受け払いされる固定金利をスワップレートという。スワップ仲介機関が受け取る固定金利をオファー・レートといい、スワップ仲介機関が支払う固定金利をビッド・レートという。図表9-6には、金利スワップが行われる仕組みが示されている。

　金利スワップでは通常、金利部分だけが当事者間で交換されるため、元本は約定されるものの交換されることはない。このため、元本は仮想的なものという意味で「想定元本」と呼ばれ、バランスシート上には原債務だけが記載され

図表9-6　金利スワップの仕組み

るので，金利スワップはオフバランス取引である。スワップの取引額を表示するときには，この想定元本の額をベースに行われる。スワップ取引の基本条件は，金額（想定元本），通貨，期間（5～10年），償還方法，金利，などから構成される。金利の支払いは，受取金額と支払金額との差額だけで受け払いの決済を済ませる，「差額決済（ネッティング）」を行う。

　一般に金利スワップは，金融機関や企業などで，金利変動リスク（金利上昇リスク，金利低下リスク）を回避（ヘッジ）する手段の1つとして利用されている。

　金利スワップ取引は，取引所を通さずに当事者間で直接取引をする相対取引によって行われる。契約時点において現在価値の等しいキャッシュフローの交換が行われ，お互いに相手の信用リスクを負うという取引である。

　金利スワップ取引にともなうリスクとして，契約の相手方が債務不履行（デフォルト）を起こす可能性をとくに，「カウンターパーティーリスク」という。

　スワップ仲介機関が受け取るオファー・レートにはスワップ取引の仲介手数料が含まれ，一方で，スワップ仲介機関が支払うビッド・レートは，仲介手数料の分だけ低い固定金利が付いている。したがって，オファー・レートとビッド・レートの中値がスワップ手数料を含まないときの固定金利に相当する。

　スワップ契約を締結するときには，当事者のスワップの価値がゼロになるようにレートが決まる。換言すれば，スワップ契約からの将来の受取金額の現在価値と支払い金額の現在価値が等しくなるようにスワップレートが決まる。

4.2 金利スワップによるリスクヘッジと信用リスク

　金利スワップは，一般に金融機関や企業などで，金利変動リスクを回避（ヘッジ）する手段の1つとして利用されており，さらに，お互いに「比較優位」のある金利支払い方法を選択することが行われることから，「信用力格差」を背景に，低コストでの資金調達やリスクマネジメントが可能となる。金利支払いの方法を交換することで，当時者双方とも金利支払いを減らすことができるのである。

　金融先物では一般に対象商品が規格化されているが，金利スワップは相対取引であるため機動的なヘッジが可能となっている点で，金利リスクのヘッジ手段として有効である。

　より具体的には，将来時点における金利変動の予想によって，

①金利が低下すると予想する場合は，固定金利建て借入れを変動金利建て借入れに変換する。

②逆に金利が上昇すると見込まれる場合は，変動金利建て借入れを固定金利建て借入れに変換して，金利変動リスクを回避する。

　すなわち，変動金利を固定化したり，固定金利に変動化を施すことができるので，金利低下が予想されれば，固定金利を受け取り，変動金利支払いをするスワップ契約を締結することで，利払いの削減ができるのである。

　このような働きをもつ金利スワップは，企業財務の運営上，現在欠くことのできないデリバティブの1つになっている。

　スワップ取引は，将来の金利変動リスクを管理する手法として金融機関の間で急速に広まり，さらに企業の財務管理に用いられるなど，非常に重要な地位を確立している。そして，その汎用性の高さから個人向け金融商品の中にも取り込まれるようになっている。

# 第10章　貨幣供給（マネーサプライ）

第1節　マネーストック概念とハイパワード・マネー

　本章では，市中に流通する貨幣がどのようなメカニズムで供給されてくるのかを解説する。中央銀行である日本銀行の様々な金融政策だけではなく，家計や企業，そして銀行預金が預け入れられている銀行の行動によっても影響されることを示す。日本銀行の統計では，貨幣は現金通貨だけではなく，各種の銀行預金が貨幣概念に分類される。高度な金融システムを有する国では，銀行預金は広く決済手段として用いられていることから，貨幣概念を包括的に捉えていくことが必要になる。

　世界各国で用いられているマネーサプライ（ストック）統計は，一国経済で流通する貨幣の量を把握するために作成されるものであり，様々な金融資産のうちどこまでを貨幣として分類するかで決まる。それと同時にマネーサプライは，物価や景気動向など，経済活動水準と密接な関係をもっているため，様々な市場金利体系や金融機関の貸出動向などと同様に，金融政策の運営に重要な情報を与える経済変数である。

　現在わが国で決済手段として用いられている貨幣は，日本銀行の負債である日本銀行券と財務省発行の補助貨幣，ならびに民間金融機関の預金から構成されている。

　以下の説明でみるように，マネーサプライ概念は，現存する様々な金融資産のどこまでを貨幣として定義するのが適当かという線引き（分類）の仕方に依存している。より詳しくいえば，マネーサプライは，民間非金融部門が保有す

る決済性のある貨幣の総量であり，金融資産が貨幣として機能する度合いに応じて，以下に解説するようにいくつかの定義が与えられる．

1.1　マネーストック統計

諸外国では，既にマネーサプライ統計からマネーストック統計への変更がなされており，貨幣供給の大きさを表す概念として，money stock や monetary aggregate という名称が用いられていたため，わが国の中央銀行である日本銀行は，これまでのマネーサプライのデータ発表を改め，2008 年から，新しいマネーストック統計を発表している．したがって以下では，この新統計を解説する．

新統計によると，まず現金通貨は，日本銀行券と貨幣流通高の合計として定義される．「預金通貨」は，要求払い預金（当座，普通，貯蓄，通知，別段，納税準備）から金融機関保有の手形・小切手を除いたものと定義される．さらに，「預金」というときには，預金通貨の他に「準通貨（定期，据置貯金，定期積金などの定期性預金外貨預金）」や CD（譲渡性預金）などを含む．

貨幣概念に分類される預金勘定のうち，普通預金や当座預金のように，いつでも引き出しが可能な預金のことを「要求払い預金」といい，これは以下の定義にあるように，預金通貨と呼ばれる．旧統計では，ゆうちょ銀行の通常貯金や信用金庫の普通預金は預金通貨の範疇には入らなかったが，今回の改訂により，それらも預金通貨に分類されるようになった．

見直し後の新しいマネーストック統計は，M1，M2，M3，広義流動性の 4 つの指標から構成される．わが国に流通している通貨の量を示すものとして，それぞれの定義は以下のようであり，流動性の高い貨幣概念に対応するものから順番に並べられている．

M1 = 現金通貨 + 預金通貨（全預金取扱機関）
M2 = 現金通貨 + 預金通貨 + 準通貨 + CD（国内銀行などに限定）
M3 = 現金通貨 + 預金通貨 + 準通貨 + CD（全預金取扱機関）

広義流動性＝M3＋銀行発行普通社債，金融機関発行 CP，金融債，国債・FB，債券現先，投資信託，金銭信託，外債など

図表 10-1 には，日本銀行がホームページ上に公表しているマネーストックの概念図が提示されている。

この図表から分かるように，現金と預金（要求払い預金）の合計を，M1 という。新しい M1 には，ゆうちょ銀行なども含めたすべての預金取り扱い機関の要求払い預金を含む。定期預金などは，解約することで容易に現金に換えられるので，先に述べたように準通貨と呼ぶ。この準通貨を，M1 に加えたものを M3 という。M2 は，この M3 から，ゆうちょ銀行や信用組合などの貯金を除いたものである。CD（譲渡性預金）は，第 5 章短期金融市場で学んだように，売買（譲渡）が可能な大口定期預金である。M3 に投資信託や国債などを加えたものが，広義流動性である。

現在の M2 は，2008 年まで用いられた旧マネーサプライ統計の M2＋CD にほぼ対応し，これがこれまでのマネーサプライの指標であったが，日本銀行の統計見直しによって，もっとも注目される指標は M3 に変更された。

上記の通貨発行主体の範囲として「国内銀行」として分類されるのは，日本銀行および国内銀行（除くゆうちょ銀行），外銀在日支店，信用金庫，信金中央金庫，農林中央金庫，商工組合中央金庫であり，より広義の「預金取扱機関」には，国内銀行の他に，ゆうちょ銀行，信用組合，労働金庫，農協を含んでいる。

図表 10-2 には，日本銀行が発表している 2017 年 8 月時点でのマネーストック統計データを示してある。

1.2 ハイパワード・マネー

次に，貨幣供給を理解する上で重要な概念であるハイパワード・マネー（マネタリーベース，ベースマネーとも呼ぶ）について解説しよう。

ハイパワード・マネーとは，民間部門（金融機関を含む）が保有する現金通

図表 10-1 マネーストック概念

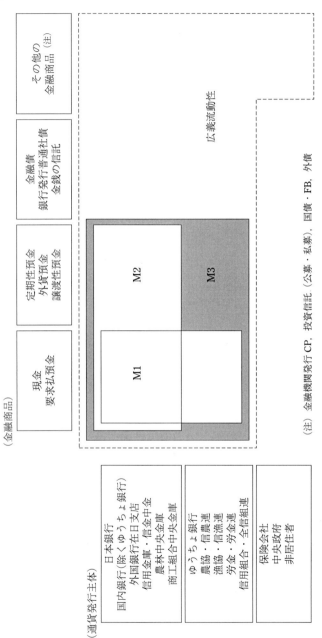

出所：日本銀行『マネーストック統計の解説』2008年。

(注) 金融機関発行CP, 投資信託（公募・私募）, 国債・FB, 外債

図表10-2　マネーストック残高統計

(2017年8月，単位：兆円)

M1	714.4
現金通貨	96.3
預金通貨	618.1
準通貨	558.6
CD	32.1
M2	978.0
M3	1,305.0
広義流動性	1,710.0

出所：日本銀行マネーストック統計。

貨と民間金融機関が保有する日銀当座預金（準備預金）の合計である。その定義から，ハイパワード・マネーとは，わが国の中央銀行である日本銀行が供給する通貨のことであり，市中に出回っている流通現金（日銀券と貨幣流通高）と「日銀当座預金」の合計である。

　　ハイパワード・マネー＝「日銀券発行高」＋「貨幣流通高」＋「日銀当座預金」

　ハイパワード・マネーの流通現金は，マネーストック統計の現金と違い，金融機関の保有分が含まれる。これは，マネーストックが（中央銀行を含む）金融部門全体から経済に対して供給される通貨であるのに対して，ハイパワード・マネーは，中央銀行が供給する通貨であるからである。

　後述するようにハイパワード・マネーは，中央銀行である日本銀行のバランスシート（貸借対照表）における主要な負債項目によって構成される。管理通貨制度の下で日本銀行は，バランスシートの資産勘定に見合った額のハイパワード・マネーを供給することができる。言い換えれば，日本銀行がバランスシート上で資産を取得し，その資産への支払いをするときにハイパワード・マネーが創出されるのである。

　図表10-3には，2017年9月時点における日本銀行のバランスシート（貸借

図表10-3　日本銀行のバランスシート

(2017年9月，単位：兆円)

資産		負債	
貸付金	45.3	発行銀行券	100.5
国債	438.1	準備預金	361.9
対外資産	6.7	政府預金	27.2
資産合計	514.0	負債合計	514.0

出所：日本銀行ホームページ。

対照表）が提示されている。

　日本銀行のバランスシート（貸借対照表）の資産勘定は，日銀が保有する国債や日銀信用（貸出）などから構成され，負債勘定は，発行銀行券（日本銀行券）や日銀当座預金（準備預金），政府預金の項目から構成されている。日本銀行の保有する資産では，国債が約8割を占めている最大項目であるほか，金融機関への貸出や対外（海外）資産などから構成されている。負債勘定をみると，発行銀行券が約100兆円，銀行が日本銀行に無利子で預け入れる準備預金が約362兆円，政府預金が約27兆円であり，ハイパワード・マネーのうち，そのほとんどが準備預金であることが分かる。

第2節　ハイパワード・マネーの変動要因

　日本銀行の主要な負債項目であるハイパワード・マネーは，そのバランスシートを見ることから，次のような要因によって変化することが分かる。ハイパワード・マネーの受動的な変動は，日本銀行が裁量的に行う金融政策と事実上同じ効果をもっている。

　第1に，日本銀行による様々な金融政策によって，ハイパワード・マネーに変動が生じる。日本銀行貸出や債券・手形オペレーションなどを通じた民間部

門への日本銀行信用が，それである。

　日本銀行は，公開市場で直接に様々な有価証券を売買したり，民間金融機関に対して基準貸付金利（公定歩合）で貸出を行ったりするなどの活動を行っており，金融政策の遂行にともなってハイパワード・マネーが増減する。たとえば，国債などの有価証券を購入する買いオペレーション（資金供給オペ）を行ったり日本銀行貸出を増やせば，それだけ市中に流通するハイパワード・マネーは増加する。逆に，売りオペレーション（資金吸収オペ）を行うとハイパワード・マネーは減少する。

　債券・手形オペレーションを用いる金融政策の目的は，様々な「金融調節」による信用供与・回収によって金融機関の流動性の状況に影響を及ぼし，さらにそれらを通して市場金利へ影響をもたらすことにある。具体的なオペの方法には，手形オペ，国債現先オペ，TB 現先オペ，CP オペ，FB オペなどがある。

　わが国では，高度経済成長期に「オーバーローン」といわれたように，ハイパワード・マネー供給の多くが日本銀行貸出によって支えられてきたが，図表10-3 の日本銀行のバランスシートから分かるように，現在ハイパワード・マネー供給の裏付けのかなりの部分は，国債保有に関わるものになっている。直接金融への構造変化に合わせて，日本銀行のハイパワード・マネー供給の源泉が変わったことが指摘できよう。

　第2は，財政資金の受け払いである。日本銀行は，政府の銀行として政府の国庫業務や外国為替業務を行っている。政府が行う様々な財政活動は日本銀行を仲介になされるため，財政の収入と支出活動にともなう資金決済は，日本銀行が扱う政府当座預金勘定の増減として現われる。したがって，財政部門の経常的な収入・支出活動がハイパワード・マネー残高に影響するのである。

　たとえば，年度末の納税期には，政府に納入された租税収入が日本銀行の政府当座預金として増大する。これによって現金が民間部門から吸収されることになるので，日本銀行の金融政策のスタンスとはかかわりなく，市中に流通するハイパワード・マネーが減少し，金融引き締めと同様の効果が生じる。逆に財政支出がなされるときには，対民間の支払いによってハイパワード・マネーが増加し，金融緩和の効果がもたらされる。ここで，財政部門の支出活動にと

もない．ネットでみて政府部門から民間部門へ現預金の移転があって財政部門の支払いが超過になっている状況を散超（あるいは払い超）といい，逆に民間部門から政府部門へ現金の移転があって財政部門の受け取りが超過している場合を，揚超という。

第3に，外国為替市場への介入政策（平衡操作）によっても，ハイパワード・マネーの変動が生じる。

たとえば，日本の経常収支黒字の拡大によって円高・ドル安が生じているとしよう。為替レートを適当な水準へ戻すため，日本銀行は財務省の代理人として，外国為替市場において相対的に高値になった自国通貨である円を売却して米ドルを購入する円売り・ドル買い介入を行う。日本銀行による円売り・ドル買い介入政策は，銀行間市場である外国為替市場からドルを購入して円資金を供給することであり，この操作は，市中に流通するハイパワード・マネーの増加要因になる。同様に考えると，為替レートが円安傾向にあるときには，日本銀行は，外国為替市場で外国通貨のドルを売却して自国通貨である円を買い支える円買い・ドル売り介入を行うため，ハイパワード・マネーが減少することになり，したがってマネーサプライの減少要因となる。このように，介入政策は，外貨売買を行う見返りに円通貨の売買をともなうことから，国内市場における円の資金供給に影響を及ぼすことになる。

介入政策に用いられる外貨建て資産のことを，とくに外貨準備ということなど，外為介入政策の詳細は，第6章で解説したとおりである。

以上の解説から分かるように，金融政策以外の要因によっても生じる短期的なハイパワード・マネーの変動をなだらかにするように，日本銀行はオペレーションを行うなど，様々な「金融調節」を小刻みに行い，ハイパワード・マネー供給残高を安定的に保っている。

第3節　信用創造の理論

3.1　準備預金制度

　本節では，銀行組織内の預金とマネーサプライとの関係を説明する。そこで「準備預金制度」の解説から始めよう。

　準備預金制度は，主要先進国で整備されているもので，わが国では1957年に施行された。この制度により，銀行や信用金庫など主要な金融機関は，各種預金などの債務に対してある定められた比率によって，日銀預け金という形で準備預金の保有を強制的に義務づけられる。対象金融機関は，毎月の所要準備預金額をその月の16日から翌月の15日までの1カ月間（これを「積み期間」という）に，日銀当座預金に積まなければならないことになっている。より詳しく述べると，わが国では，準備預金の保有について，準備預金対象債務の平均残高から計算される所要準備額をその次の期間に積み立てる必要があり，計算期間と積み立て期間に重複がある「部分後積み方式」と呼ばれている。

　準備預金制度は導入当初，中央銀行が現金と預金との交換を法律によって保証し，銀行の流動性不足によって生じる支払い停止や銀行の倒産を防ぐことで，預金を重要な要素とする通貨制度の社会的信頼を維持し，預金者を保護することを目的とするものであった。しかし現在この制度は，預金準備率の操作という形で銀行の与信（貸出）活動を強くコントロールするためのものと位置づけられ，日本銀行の金融市場に対する重要な政策手段の1つになっている。以下の説明から分かるように，預金準備率の引き上げ（引き下げ）は，金融引き締め（緩和）の効果を持つものと考えられている。

3.2 信用創造メカニズム

　日銀準備預金という特殊な金融資産が銀行組織の中でどのような役割を果たしているか，さらに，準備預金という特殊な金融資産が，銀行部門全体が供給する預金の額やマネーストックを決める「信用創造」のメカニズムを考察していこう。信用創造の仕組みを理解することから，日本銀行が供給するハイパワード・マネーとマネーサプライとの関係が明らかになる。第1章の最後に内部貨幣と外部貨幣の概念を紹介したが，マネーサプライの決定メカニズムにおいて，民間金融機関が信用創造メカニズムによって創り出される預金通貨が内部貨幣であり，中央銀行が供給する貨幣であるハイパワード・マネーが外部貨幣に相当する。

　現行の預金準備制度により，市中の銀行が日本銀行に対して積まなければならない準備額を，「必要（所要，法定）準備」といい，これは，預金残高に「法定準備率」を乗じたものである。

　準備預金それ自体は，無利子の当座預金であるため，銀行にとってみると収益を持たない。このため，銀行は超過準備（法定準備以上の準備）を保有することはなるだけ少なくしたいはずである。

　銀行が預金債務のうち一部分だけを準備として保有しているこのような仕組みを，「部分準備預金制度（fractional reserve system）」といい，主要な先進国では，いずれもこのような準備預金制度が採用されている。

　以下では，まず，（1）で簡単な数値例を用いながら信用創造メカニズムを解説し，さらに（2）で一般的な枠組みで解説しよう。

　（1）まず，もっとも簡単な銀行システムを想定して説明しよう。考察する銀行は超過準備を全く保有しないものとする。さらに，銀行から貸し出された資金は，すべてどこかの銀行預金口座に環流して保有されるものとして，銀行組織内に存在していると仮定しよう。預金は一種類しかなく，預金準備率は，議論の簡単化のために，10%（=0.1）であるとしよう。

　いま，なんらかの理由によって，A銀行に100万円預金が増加したとしよ

う。これによって，A銀行に超過準備が同額の100万円生じることになる。この100万円を「本源的預金」という。「本源的預金」とは，銀行が受動的に受け入れた預金である。

「本源的預金」を受け入れたA銀行は，この超過準備をただ保有するのではなく，超過準備100万円に対して預金準備率を乗じた10万円を日本銀行に準備として積み，残りの90万円を他の企業へ貸し出す。借り入れを受けた企業は，その90万円をその取り引き銀行であるB銀行に預金する。B銀行は借り入れた90万円のうち，超過準備90万円に対して預金準備率を乗じた9万円を残し，残りの81万円を他の企業に貸し出す。貸し出しを受けたC銀行は借り入れた81万円のうち，超過準備81万円に対して預金準備率を乗じた8.1万円を残し，残りの72.9万円を他の企業に貸し出す。このようなプロセスによって生み出される預金は「派生的預金」といい，銀行が貸し出しにともなって能動的に創出する預金である。

こうした機械的なプロセスが無限に続いていくとし，かつ預金が銀行組織内に常に環流してくるという状況を想定しよう。このとき，最終的に創出される預金の合計は無制限に増大していくのではなく，次に示すような簡単な数学の公式を用いることで，有限の値に収束することが示される。

当初の預金増である本源的預金の100万円を含めて信用創造のプロセスによって創出される預金の総額は，初項が100，公比が0.9である無限等比級数の和の公式を用いることから，

$$100 + 90 + 81 + 72.9 + \cdots = 100 \times 1/(1-0.9) = 1000$$

と求まる。

また，銀行組織内で新たに創出される預金総額は，

$$90 + 81 + 72.9 + \cdots = 90 \times 1/(1-0.9) = 900$$

となる。

同様に考えると，新たに創出される貸出額は預金増加額と等しくなる。銀行組織内でなされる信用創造によって，本源的預金の額が新たに創出された準備額と等しくなるまで預金の拡大が生じることになる。

上に示された結果を一般化して，預金準備率の大きさと信用創造とを関係付

けてみよう。預金準備率を α、最初の超過準備の増加を ΔR、新たに創出される預金増加額を ΔD とすると、信用創造のプロセスによって生じた預金の増加は、

$$\Delta D = \left(\frac{1}{\alpha}\right)\Delta R \tag{10.1}$$

と表現できる。上の数値例は、$\alpha=0.1$、$\Delta R=100$、$\Delta D=1,000$ に対応している。

かくして信用創造は、銀行部門内で預金と貸出が乗数プロセスに従って増加していくプロセスである。ここで、$(1/\alpha)$ を貨幣（信用）乗数といい、民間金融機関の貸出の連鎖を通じて、当初の準備供給の増加の貨幣乗数倍のマネーが創造されるのである。(10.1)式から容易に分かるように、預金準備率が小さくなるほど信用創造プロセスによって創出される預金の額は大きくなり、準備の増加に対する預金の増加が大きくなる。

（2）次に、銀行貸出を受けた人がそれをすべて銀行に預金するのではなく、一部分を現金で保有するような状況、すなわち、民間非金融部門は、資産として現金と1種類の預金だけを保有する状況を考察しよう。貸出を受けた経済主体は、そのすべてを預金として銀行口座に保有するのではなく、一部分を現金として保有するものと仮定する。

記号を次のように定めよう。C：現金、D：預金、k：民間非金融部門の預金保有比率（$0<k<1$）、R：準備（日銀預け金）、α：預金準備率（$0<\alpha<1$）、H：ハイパワード・マネー（$H=C+R$）、M：マネーサプライ（$M=C+D$）。預金を $D=kM$、現金を $C=(1-k)M$ の割合で保有する。準備預金については、$R=\alpha D$ と書ける。

これらの定義から、ハイパワード・マネーとマネーストックの関係は、次の式で表される。

$$M = \frac{H}{1-k(1-\alpha)} = mH \tag{10.2}$$

(10.2)式の係数 m を、貨幣乗数（money multiplier）、あるいは信用乗数、信用創造乗数といい、この式が成立しているとき、マネーサプライはハイパワード・マネーの乗数倍の大きさで与えられることを示している。

第10章 貨幣供給（マネーサプライ）　151

ここで得られた結果を変数の増加分の形で書き換えると，マネーサプライの増加は，

$$\Delta M = \frac{\Delta H}{1-k(1-\alpha)} = m\Delta H \tag{10.3}$$

のように与えられる。また預金は，マネーサプライの残高に預金保有比率kを乗じたものとして，また，現金の増加は，マネーサプライの増加に現金保有比率$1-k$を乗じたものとして，それぞれ与えられる。貸出の増加の合計が，預金の増加と現金の増加との和になっていることも確認できる。

　これまでの導出過程から明らかなように，貨幣乗数は，民間部門の資産選択行動や支払慣行，預金準備率などに依存する。そして，ハイパワード・マネーは，日本銀行の負債であるため原理的には制御可能とみなされよう。このとき，マネーサプライとハイパワード・マネーの関係を示す貨幣乗数が安定的である限りにおいて，日本銀行はマネーサプライをコントロールできることになる。

　(10.3)式で得られた貨幣乗数には，次のような性質がある。

　第1に，民間非金融部門の預金保有比率の上昇（減少）は，貨幣乗数を上昇（下落）させる。これは，貸し出されたもののうち預金として銀行に預けられる額が大きくなるほど，銀行組織内で信用創造によって創出される額が大きくなることから従う結果である。

　第2に，預金準備率の引き上げ（引き下げ）は，貨幣乗数を低下（増大）させる。これは預金準備率が低い（高い）ほど，銀行が日本銀行に積む準備が少なくて済むため，一定の預金から貸付可能な額が大きく（小さく）なることから従う結果である。預金準備率の引き下げは，金融緩和政策がとられていることを意味し，逆に，預金準備率の引き上げは金融引き締めである。

　しかし，このように得られる貨幣乗数の解釈には，若干の注意が必要である。信用創造の公式として得られたこの関係は，あくまでも各変数間の恒等関係から導かれたものであり，その導出は，預金準備率に表された中央銀行の金融政策のスタンス，および，民間非金融部門のポートフォリオ選択である現金・預金保有比率などに依存している。

さらに、貨幣乗数は、変数間の事後的な関係を示すものである。実際、貨幣乗数の値は短期的変動を示し、現実の貨幣乗数は、クレジットカードや銀行オンラインの普及など金融技術革新の進展がもたらした現金保有の節約効果によって、現金・預金保有比率の変化に影響を受けることが考えられる。事実、貨幣乗数は、かなりの程度変動する可能性があるものと理解すべきものである。

最後に、現実の銀行の準備保有比率（R/D）に影響を及ぼす要因を、3点整理しておこう。

第1に、日本銀行による預金準備率の引き上げは、金融引締めを目的とするものであり、銀行の準備保有比率を上げることにつながる。

第2に、準備預金は、利子を生まないため収益の圧迫要因であり、銀行貸出の機会費用を反映する市場金利の上昇は、銀行の準備保有比率を引き下げるインセンティブをもたらす。

第3に、公定歩合（補完貸付金利）やコールレートは、保有する準備の不足に対する借り入れコストであるため、これらの金利の上昇によって、銀行は準備保有比率を引き上げるインセンティブをもつことになる。

第4節　資金過不足概念と資金需給実績

日本銀行は、「資金需給実績」という独自の考え方に基づいて、ハイパワード・マネー供給に関して「資金過不足」のデータを公表している。

わが国では、日本銀行がハイパワード・マネー供給の変化に対して独自の見方をもっている。ここでは、簡略化された日本銀行のバランスシートを再度提示しながら、ハイパワード・マネー供給の変化について、資金需給の式を導出しながら日本銀行の考え方を説明する。

日本銀行のバランスシートのうち資産勘定を構成する項目は、日銀貸出（BL）、債券（BS）、海外資産（FA）であり、一方、負債勘定は、現金（日本銀行券）（CU）、準備（日銀預け金）（R）、政府預金（DG）である。

バランスシートの恒等関係から、資産項目と負債項目の合計が等しいので、
$$BL+BS+FA=CU+R+DG \tag{10.4}$$
が成立する。

すなわち、資産勘定にある日銀貸出、保有債券、海外資産の合計は、負債勘定の現金、準備（日銀当座預金）、政府預金の合計に等しくなっている。これを準備 R について解くと、
$$R=BL+BS+FA-CU-DG \tag{10.5}$$
を得る。さらに、(10.5)式をフローの関係式に書き直すと、準備 R の変化は次のような項目によって説明できる。それぞれの変数の前に Δ（デルタ）記号を付して、その変数の変化量を表わすことにすると、(10.6)式を得る。
$$\Delta R=\Delta BL+\Delta BS+\Delta FA-(\Delta CU+\Delta DG) \tag{10.6}$$

ここで、$\Delta BL>0$ は日銀信用の増加、$\Delta BL<0$ は日銀信用の減少、$\Delta BS>0$ は買いオペレーション、$\Delta BS<0$ は売りオペレーションを、それぞれ表している。さらに、$\Delta FA>0$ は海外資産の増加であり、外国為替市場への介入政策により、外国為替資金特別会計でドルを買い支えるときなどに生じる。日本銀行が、円高・ドル安に対抗して円売り・ドル買いの介入を行えば、ドル資産が増えるためにこの項目が増大する。$\Delta DG>0$ は政府預金の増加（財政要因は受取超過の揚超）、$\Delta DG<0$ は財政資金が払い超過である。ΔDG と ΔFA を合わせて「財政等要因」という。$\Delta CU>0$ は預金の引き出しによる日本銀行券の増加（増発）を、$\Delta CU<0$ は銀行券の還流を、それぞれ指し、「銀行券要因」と呼ばれる。「財政等要因」と「銀行券要因」は、民間および財政部門の活動によって変動するものであり、日本銀行が直接にコントロールできるものではない。これを「資金過不足」と呼ぶ。これに対し、$\Delta BL+\Delta BS$ は、日銀の金融調節を表す項目である。これらを操作することによって、準備預金の変化 ΔR に影響を及ぼすことが可能になる。

日本銀行が用いる「資金過不足」とは、銀行券発行の増減と財政資金の受払いの合計をいう。すると、準備預金の変動は、次のように整理して理解できる。

[準備預金増加（減少）]
= [日本銀行券発行還流（増発）] + [財政資金の払超（揚超）]
  + [日本銀行信用供与（吸収）]

(10.7)

　日本銀行の考えでは，銀行券発行の増加は民間部門が必要とする現金の増加額を示し，これから財政資金の支払いで埋められなかった部分を「資金不足」とみなしている。日銀券増発や財政受超は，準備預金の減少要因であり，日銀貸出の増加は準備需要の減少要因になる。

　日本銀行の資金過不足概念に従うと，(10.7)式で示された恒等式から，日本銀行券の増発と財政の揚超との合計が大きいとき，「資金不足」が大きいという。これは，このような状況では，民間部門の現金需要が大きいため貨幣の増発がなされ，金融市場の需給が引き締まり，銀行の準備預金が減少していると解釈するからである。一方，銀行券が環流・財政要因が払超になっているときには，「資金余剰」になっているといい，このときには，銀行の準備預金は増大していて金融は緩和されていると解釈する。したがって，これまでの説明から分かるように，日本銀行の資金過不足概念にいう「資金」とは，銀行の「準備」を指している。

　金融機関と，それ以外の経済主体間の資金の移動にともなう金融機関全体の日本銀行への準備預金の増減が，資金需給である。準備預金が増加する場合を資金余剰，減少する場合を資金不足という。資金需給は，資金の余剰ないしは不足の状態を日本銀行の勘定面から捉えて，銀行券の発行・還収や財政等の支払いによって生じた金融市場の過不足が，最終的に日本銀行信用によって調節される状態を示した統計である。

　現在日本銀行は従来の「資金需給実績」から，「日本銀行当座預金増減要因と金融調節」として金融調節の情報を公表するようになっている。銀行券の発行・還収（銀行券要因），国庫金の受払い（財政等要因），ならびに日本銀行の金融調節によって当座預金残高（の増減）が決定される状況を整理し，日々行われている金融調節に関する情報を提供している。

第11章 貨幣需要

第1節 貨幣市場と債券市場

　第10章で，貨幣供給のメカニズムや信用創造などについて概観がなされたので，次にケインズ理論に依拠し，貨幣に対する需要がどのように決定されるのかを考察しよう。

　本章では，まず古典的な貨幣需要の動機である貨幣数量説（交換方程式，現金残高方程式）について述べ，さらに，貨幣保有動機（取引動機，予備的動機，投機的動機），在庫アプローチなどを解説し，これに基づいてマクロの貨幣需要関数を導出する。これは，ケインズ経済学に基づく貨幣需要の流動性選好の考え方である。この貨幣需要関数に基づいて，貨幣市場の均衡条件を表すLM曲線を導出する。

　貨幣は資産の一部であり，他の危険資産と同時に経済主体にとって最適な貨幣保有も決定されるという資産選択（ポートフォリオ）理論が存在する。しかし，これらの説明の詳細については，金融のミクロの側面を扱うファイナンス論のテキストに譲ることとし，以下では議論の簡単化のため，経済主体の資産保有の対象は，利子収入を生まない貨幣と利付債券だけが存在する状況を想定する。

　いま記号を，W：資産，L_d：貨幣需要，B_d：債券需要関数，$\dfrac{M}{p}$：実質貨幣残高，B_s：債券供給，とすると，経済主体の予算制約は，次の(11.1)式で示される。

$$\frac{W}{p} = L_d + B_d = \frac{M}{p} + B_s \qquad (11.1)$$

考察の対象にする経済の資産が債券と貨幣の2つの資産しか存在しないと仮定すると，経済全体の超過需要の価値額が0となることを主張する「ワルラス法則」から，次式を得る。

$$\left(L_d - \frac{M}{p}\right) + (B_d - B_s) = 0 \qquad (11.2)$$

ここで，左辺の第1項は貨幣の超過需要，第2項は債券の超過需要をそれぞれ表している。(11.2)式から，貨幣市場の均衡状態さえ考察の対象としておけば，債券市場を明示的に分析する必要はないことが分かる。そこで以下では，債券市場の均衡条件は背後に置き，貨幣市場の均衡に注目することにしよう。

資産選択の対象となる債券は一種類であるから，その利子率は，貨幣と代替的な資産の収益率を代表するものとみなすことにする。ケインズの主著である『一般理論』では，議論の簡単化のため，債券としてコンソル債券（永久債）を仮定している。コンソル債券とは，債券保有者に（確定した）利子支払があるだけで，元金の償還がなされない債券である。利回り概念を扱った第8章での説明にあるように，一般に，債券の価格と利子率（利回り）とは逆方向に動く（逆相関の関係にある）のであった。債券の利回りが高いことは債券価格が低いことに対応し，利回りが低いときには債券価格が高いことに対応していることを，再確認しておこう。

なお，貨幣供給を扱った第10章では，貨幣を，現金と預金の合計としてマネーストック統計を定義したが，本章で貨幣というときには，現金だけを対象としている。

第2節　古典派の貨幣需要理論

　貨幣を決済手段として捉えている古典派の貨幣需要理論によれば，ある一定期間に経済取引に用いられた貨幣の数量は，フィッシャーの交換方程式と呼ばれる関係式で説明される。
　いま記号を，M：貨幣供給量，P：物価水準，T：取引数量，V：貨幣の流通速度，とすると，古典派経済学の貨幣数量説を表現する交換方程式は，
$$MV = PT \tag{11.3}$$
と表される。
　この式で，右辺の経済活動による取引総額と，左辺の貨幣を用いた取引金額が等しいことを表現するもので，これは事後的な恒等関係を示している。
　さらに，財の取引額をマクロ経済の産出量に書き換えることで，(11.4)式のケンブリッジの現金残高方程式を得る。
$$M = kPY \tag{11.4}$$
　(11.4)式の k は，(11.3)式の交換方程式で与えられた貨幣の流通速度 V の逆数であり，マーシャルの k と呼ばれる。マーシャルの k は，人々が所得のうち現金で保有したいと考えている割合である。
　これら（フィッシャーの）交換方程式やケンブリッジの現金残高方程式は，極めて単純な貨幣需要に対する考え方であり，貨幣は，決済手段としてのみ機能しているとみなしている。したがって，貨幣に対する需要は，所得に比例して増大するものと仮定している。
　古典派経済学のマクロ経済の体系では，貨幣は実物経済に影響を及ぼすことはなく，マネーサプライの変動は物価水準の変動（インフレ）だけに反映されることになる。貨幣の機能に関するこのような考え方は，「貨幣ベール観」，あるいは「古典派の二分法」といい，貨幣が実物経済にはなんら影響を及ぼさないという意味で「貨幣の中立性」を意味している。

むろん，このような貨幣に対する素朴な考えを，現在の経済学が受け入れようはずがない。しかしながら，ここで提示された貨幣の流通速度やマーシャルの k などの概念は，貨幣需要の動向を考察するときには，注目される重要な尺度である。

第3節　ケインズの貨幣需要

貨幣需要に関する伝統的なケインズ理論は，資産としての貨幣の流動性という性質に注目し，経済主体の貨幣保有の動機を以下に挙げるような3つの保有動機に分けて理解する。本章では最終的に，一般的かつ現実的な貨幣需要関数として，貨幣の需要が所得と利子率とに依存することを提示する。

この節では，ケインズが『雇用・利子および貨幣の一般理論』で展開した貨幣需要の理論体系に即しながら解説していこう。ケインズの貨幣需要は，古典派経済学が仮定した貨幣数量説における流通速度を一定とする仮定を否定して，金利の重要性に注目したものになっており，取引動機，予備的動機，投機的動機の3つの動機から構成される。

以下これらを順番に解説していこう。

3.1　取引動機

取引動機とは，財・サービスの取引支払に備えて保有される貨幣の需要であり，第1章で学んだ，貨幣の支払手段（一般的交換手段）の機能に対応する。経済主体の支出と収入とは一般には時間的に一致しないため，支払いに備えていくらかの現金を保有することが必要である。この取引需要に基づく貨幣需要は，取引額の大きさに比例し，それは所得の大きさに比例すると考えられるので，以下では，$L_1(Y)$ と書く。

こうした古典的な貨幣需要の考え方は，貨幣は取引動機に基づいてのみ保有

されるものであって，金利の水準には無関係であるという前提に依拠している。

また，貨幣需要の所得弾力性は，通常正の値をとるものの，1よりは小さいとみなされるので，所得が増大していくにつれて，現金需要は，所得ほどは伸びていかないものと考えられている。さらに，所得水準の低い経済主体の方が，貨幣需要の所得弾力性がより大きいものと考えられる。いずれにせよ，インフレやインフレ期待，金利，そして貨幣需要の所得弾力性などが，貨幣需要を説明する重要な変数であることを指摘しておこう。

3.2 予備的動機

ケインズの提示した2番目の貨幣保有動機は，予備的動機というもので，人々の将来の支出，収入の不確実性などに対処するために保有される貨幣需要である。これを，$L_2(Y, i)$ と書き，所得水準の増加関数，利子率水準の減少関数と仮定しておく。

3.3 投機的動機

投機的動機とは，ケインズの定義に従うと，将来市場で生じるであろうことを市場より良く知ることで利益を得ようとするために保有される貨幣需要である。より具体的には，債券価格が将来下落し，キャピタルロスを被る（このとき，債券利回りは上昇する）であろうため貨幣を保有しようとする貨幣需要である。

投機的動機は，貨幣の資産としての側面に注目する考え方であり，経済主体の資産価格の変動に対する期待に大きく依存する。人々が債券価格の下落を予想する弱気（bear）な状態にあるときには，たとえ収益率が低くとも安全な貨幣が期待収益の高い危険資産よりも選好される。

ケインズの貨幣需要の考え方には，資産価格の予期せぬ下落（キャピタル・ロス）が生じるという不確実性を回避するために貨幣が需要されるという

点に特徴があり、これを「流動性選好（liquidity preference）」という。

　投機的動機に基づく貨幣需要が債券価格の増加関数であれば、利子率と債券価格は逆相関するため、投機的動機に基づく貨幣需要関数を $L_3(i)$ と書くと、これは金利の減少関数となる。

　マネーサプライ（ストック）を外生的（所与）としておけば、均衡利子率は貨幣需要曲線と貨幣供給曲線との交点で決定される。このような利子率決定の考え方を「流動性選好説」という。投資家は利子率の高低に応じて貨幣と債券の保有比率を変化させるのであるが、ある時点での債券の残高は一定であり、ケインズの流動性選好説は、金融市場の均衡をストック（残高）の次元で捉えようとするものである。

　このように、金融市場の均衡状態をフローではなくストックの視点から捉えようとするのは、金融市場の発展によって、様々な償還期限や流動性を有する金融資産が蓄積されてきたことと、金融資産の売買にともなう取引コストが低下して、投資家が短期間のうちに資産保有の構成を容易に変更することができるようになったためである。

第4節　ボーモル・トービンの在庫理論アプローチ

　取引動機に基づく貨幣需要も、実は所得水準だけではなく、利子率にも依存することを、在庫理論を応用しながら考察する議論がある。貨幣を、支出に備えて在庫のように用いられるとみなし、現金保有にともなう機会費用を明示的にすることで示されるのである。そして、貨幣保有によって失われる利子収入と、貨幣を保有しないことから生じる不便とを比較することで、個別経済主体の貨幣需要を分析する。このとき、取引動機に基づく貨幣需要も、所得水準の増加関数、利子率の減少関数となることが示される。

　以下では、W. ボーモルとJ. トービンが示した在庫理論アプローチを解説しよう。貨幣保有によって失われる利子収入と、貨幣を保有しないことから生じ

る不便とを比較することで，個別経済主体の貨幣の取引需要を考察する。ここでは，取引需要による貨幣保有といっても，支払い期限まで現金として手許に遊ばせておくことはなく，利子を生む預金に投資して取引支払いの必要に応じて現金化するものと考える。

モデルの記号は，次のように与えられる。T を毎月の一定の支払い総額とし，支払いは一様に分布していて，これを1カ月のうちに均等に支払うものとする。c は銀行預金を現金化する額であり，したがって T/c 回銀行預金を現金化するとする。さらに，b を預金を現金化する取引費用（固定費用），i を預金金利，とする。

このとき，現金の平均保有残高は $c/2$ なので，機会費用として失われる利子収入は $ic/2$ となる。現金保有にともなう総費用はしたがって，

$$K = \frac{Tb}{c} + \frac{ic}{2} \tag{11.5}$$

であり，これを最小にする最適な貨幣保有額 c は，K を c について微分して 0 とおくことから，次のように求められる。

$$c^* = \sqrt{\frac{2bT}{i}} \tag{11.6}$$

これが貨幣の最適な貨幣保有残高であり，在庫理論の平方根公式とも呼ばれる。これからさらに，取引動機による貨幣需要の大きさや換金回数が求まる。

(11.6)式で得られたボーモル・トービン在庫モデルの結果から，次のような経済的インプリケーションが得られる。

まず，預金引き出しの手数料で表される取引費用の上昇は，毎回の支払い額や現金保有額を増大させる。金利が上昇するときには貨幣保有残高が減少するという意味で，貨幣需要が金利の減少関数になることも確認できる。

次に，現金の保有には，規模の経済がみられることである。たとえば，取引額 T が 4 倍になると取引需要は 2 倍になる。このように，所得の高い経済主体ほど貨幣保有の割合が減少することが分かる。

第5節　流動性の罠（わな）

　流動性選好説による貨幣需要関数を想定するとき，利子率が著しく低く，したがって債券価格が高く，誰もが債券価格の下落（金利の上昇）を予想するような状況では，貨幣需要の利子弾力性は非常に大きくなる。金利の水準が下限に張り付き，市場の投資家の誰もが債券価格の下落（したがって金利の上昇）を予想して債券を手放し，代わりに貨幣を保有しようとするとき，貨幣需要の利子弾力性がマイナス無限大となるような極限的状況が考えられる。このような状況をケインズは，「流動性の罠（liquidity trap）」と呼んだ。

　貨幣需要に流動性のわなが生じているとき，貨幣需要曲線は横軸に平行となる。貨幣需要関数が「流動性の罠」という特殊な状況にあるとき，マネーサプライの増減で表される金融政策の有効性が失われることが，$IS=LM$ 分析で示される。

第6節　LM 曲線

　これまでの説明で貨幣需要関数が理解されたので，貨幣市場を均衡させる産出量と利子率の組み合わせを表す LM 曲線を導出しよう。取引動機，予備的動機，投機的動機に基づく貨幣需要をひとまとめにして $L(Y,i)$ とし，貨幣供給量を M とすると，貨幣市場の均衡条件は，

$$M = L_1(Y) + L_2(Y,i) + L_3(i) \equiv L(Y,i) \tag{11.7}$$

と表現できる。

　このように表現される LM 曲線は，貨幣市場を均衡させる産出量（所得）水準 Y と（名目）利子率 i との組み合わせである。横軸に産出量（所得）水

図表 11-1　LM 曲線

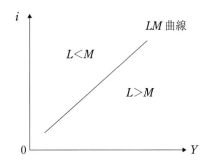

準，縦軸に利子率をとるとき，（通常のケースでは）LM 曲線は，図表 11-1 のように，右上がりの曲線で表現できる。

　LM 曲線が右上がりであるのは，次のような理由による。いま，産出量（所得）水準が増大（減少）すると取引動機による貨幣需要が増大（下落）するが，一定の貨幣供給量のもと投機的動機による貨幣需要が減少（増大）するためには，利子率が上昇（下落）しなければならないからである。

　以下では，LM 曲線の特殊な状況，貨幣市場の不均衡領域，ならびに，LM 曲線のシフト（移動）についてそれぞれ解説する。

（1）　LM 曲線は，一般には上で述べたように右上がりの形状であるが，以下に示すように，必ずしもそうならないいくつかの特殊な状況が考えられる。

　第1に，貨幣需要関数が，古典派の貨幣数量説で表現されるように所得水準のみに依存するため利子率には全く反応しないとき，LM 曲線は垂直となる。

　第2に，投機的動機による貨需要関数が「流動性の罠」の状況にあり，利子率に関して無限に弾力的であるときには，LM 曲線は水平になる。

（2）　貨幣市場の不均衡の領域

　まず LM 曲線の上側では $L<M$ となって貨幣市場は超過供給状態にある。貨幣市場の均衡状態に対応する産出量と利子率との組み合わせを考えると，金利の水準が高すぎて投機的需要の貨幣需要が低下して，貨幣市場は超過供給の状態にあるものと考えられる。

LM 曲線の下側では，$L>M$ となって貨幣市場は超過需要状態にある。貨幣市場の均衡状態に対応する産出量と利子率との組み合わせを考えると，金利の水準が低すぎて投機的動機の貨幣需要が増大して，貨幣市場は超過需要の状態にある。

　（3）　LM 曲線のシフト（移動）要因には，次のような要因がある。

　第1は，貨幣供給量の変化である。貨幣供給が増加（減少）すると貨幣市場で超過供給が生じるため，これを解消するには産出量（所得）水準が増大するか，ないしは，利子率が下落するかによって貨幣需要が増大しなければならない。貨幣供給量が増加（減少）するとき，LM 曲線は右方（左方）シフトする。中央銀行の金融政策によってマネーサプライが変化する状況は，こうした LM 曲線のシフト（移動）によって理解される。

　第2は，物価水準の変化である。物価水準が上昇（下落）して実質の貨幣供給量が減少（増大）するときにも，LM 曲線はシフトする。ここまでの説明では，物価水準が一定である状況を仮定してきたが，インフレによって物価水準が変化する状況では，名目の貨幣供給量と実質の貨幣供給量とを区別しておくことが重要である。ここで実質の貨幣供給量とは，名目貨幣供給量を物価水準で割ったものと定義される。貨幣市場の均衡条件において仮定されていた貨幣供給量を，実質の貨幣供給量に置き換えて考えてやれば，物価水準の下落（上昇）による実質貨幣供給量の増加（減少）は，LM 曲線を右方（左方）にシフトさせることになる。

　第3は，金融技術革新である。金融技術革新によって貨幣が節約されることで貨幣に対する需要が減少するときには，一定の貨幣供給量のもとに LM 曲線は，右方にシフトする。

第12章 インフレーションとデフレーション

第1節 インフレーションとは

　インフレーションとは，物価が高い状態をいうのではなく，一般物価水準が継続的に上昇している状態をさす。
　インフレが生じる理由には様々なものがあり，景気対策によるものであれ民間経済の行動の帰結によるものであれ，マクロ経済の総需要が拡大することによって生じる「ディマンドプル・インフレーション」と，マクロの総供給の側面からインフレが発生する「コストプッシュ・インフレーション」との2つに大別が可能であろう。
　わが国が現在おかれている平成不況のもとでは，インフレーションは主要な経済問題とはなっていない。金融機関の不良債権処理と金融システム不安，株安，失業率の上昇が問題となり，消費者物価指数（CPI）などでみる限り，物価水準が下落している傾向は顕著で，内外価格差という物価問題はあっても，インフレは主要な経済問題とはなっていない。インフレが沈静化しデフレが懸念されている状況は，バブル崩壊以後の長期に及ぶ景気後退局面において生じているものであり，これを打開するために，金融緩和政策（ゼロ金利政策，量的緩和政策など）や，穏やかなインフレを起こして景気回復を狙う調整インフレ論も議論されてきた。

第 2 節　インフレーションの定義と原因

　インフレーションとは，冒頭に記したように，一般物価水準が持続的に上昇している状態をいう。わが国で一般物価水準を表す指標には，CPI（消費者物価指数），CGPI（企業物価指数），GDPデフレーターなどがある。一方，デフレーションとは，一般物価水準の持続的な下落をいう。デフレーションは，インフレーションの過程とは逆に，貨幣価値が上昇している状態である。
　インフレーションの形態には，次のようなものがある。インフレ率が徐々に上昇していく状態を，「クリーピングインフレーション」という。また，「ハイパーインフレーション」は，物価が極端に上昇する現象である。通常のインフレでは物価上昇率は年率で数％から十数％であるが，ハイパーインフレーションが生じると，インフレ率は天文学的数字に達する。このような異常事態は，国家財政が悪化して，貨幣が過剰供給させることなどにより貨幣に対する信頼が著しく喪失したときに発生する。具体例は，第一次世界大戦後のドイツ（賠償金支払いで財政悪化）や，近年ではアフリカ・ジンバブエの例が有名である。
　また，インフレーションの発生原因を需要サイドに求めるか，あるいは供給サイドに求めるかによっても，分類することができる。発生原因を需要サイドに求めるインフレを「ディマンドプル・インフレーション」といい，供給サイドに求めるインフレを「コストプッシュ・インフレーション」という。さらに，コストプッシュ・インフレーションの1つとして，輸入財の価格高騰によって国内の物価上昇が生じることを「輸入インフレ」といい，わが国であれば，70年代の石油ショックによる狂乱物価がその典型例であろう。また，インフレ率が低下することを，とくに「ディスインフレーション」という。

第3節　インフレーションのコスト

　本節では，インフレーションのコストについて論じよう。
　インフレの経済的費用とは，ただ単に貨幣の購買力が低下することだけにとどまらず，実に様々な弊害を引き起こすことに注意が必要である。経済成長や発展の過程においても，インフレは実物経済に望ましくない影響を及ぼすことが，実証分析によっても明らかにされている。
　経済理論的に考えられるインフレのコストとして，次のような点が指摘されている。
　第1に，市場の資源配分において価格機構が果たしているシグナル機能が撹乱されることである。ミクロ経済学で学ぶ「厚生経済学の基本定理」によれば，数学的な諸仮定を仮定するとき，経済活動を自由な市場メカニズムに任せておけば，効率的な資源配分が達成されることが，抽象度の高い理論分析で明らかにされてきた。この価格機構のシグナル機能が有効に働かなくなれば，資源配分に撹乱が生じることになる。
　第2に，債務者の利得と関連した所得分配に及ぼす効果である。利子所得者や年金生活者など，名目的に固定された額の所得を得ている人々にとって，通貨価値を減じるインフレは実質的な所得を減少させ，所得分配の不平等を生じさせる可能性がある。また，インフレは，資産と負債に非対称的な効果を与えるという意味において，資産の再分配に影響を及ぼす。物価上昇によって資産および負債の実質価値が減少すると，これによって資産の保有者から負債の保有者へ所得が移転され，債務者利得が生まれることになり，これは事実上，富の再分配がなされることにつながる。
　また，現在わが国の年金制度では，年金額の実質支払いを一定にするため，インフレ率に合わせて支給額を調整するインデクセーションが施される。これは，インフレ下で年金に実質的な購買力を保証するためのものである。

第3は，取引コストに関わるものとして「メニューコスト（menu cost）」がある。これは，価格改訂のために生じるコストや，賃金改訂交渉のためのコストを意味している。

第4は，インフレ調整減税にともなうコストである。所得税は累進構造（ビルトインスタビライザー）を持つため，インフレが発生することで名目所得が上昇し，人々はより高い税率の枠に入ることになり，結果として税負担が増すことになる。これを是正するため，所得税率を引き下げたり，課税最低限を引き上げるインフレ調整減税が施される。

第4節　インフレーションとフィッシャー効果

インフレが生じている状況では，金利概念にも修正が必要になってくる。そこでまず，実質金利概念を紹介しよう。

「実質金利」は，市場での名目金利からインフレ率（物価上昇率）を引いたものと定義される。

$$実質金利（r）\equiv 名目金利（i）-インフレ率（\pi） \quad (12.1)$$

たとえば，市場の名目金利が10%で，インフレ率が4%であれば，この定義式によって事後的に決定される実質金利は，6%になる。

この概念と関連するものとして，「フィッシャー効果」（フィッシャー関係式）がある。この効果は，上記の式を名目金利に解くように書き換えることで得られ，市場で観察される名目金利が，人々のインフレ期待を含んでいることを主張するものである。すなわち「フィッシャー効果」とは，実質金利の定義式において，インフレ率を，将来のインフレ率に対する予想値である「期待インフレ率」に置き換えたものをいう。式で表現すれば，

$$名目金利（i）=実質金利（r）+期待インフレ率（\pi^e） \quad (12.2)$$

となる。

この関係式は，インフレ予想と（名目）金利との関係を表すものであり，名

目金利の形成に，市場参加者のインフレ期待の役割が重要な要因であることを示している。人々のインフレ期待が名目金利に織り込まれることを主張するフィッシャー関係式で，期待インフレ率を具体的に計算するときには，時系列分析における自己回帰過程を用いて，過去のインフレ率の加重平均が採用される。

このフィッシャー効果が成立するには，次の3つの条件が仮定されている。

第1に，投資家は危険中立的で，インフレリスクには関心を抱かないこと。

第2に，期待インフレ率がストレートに名目金利に反映すること。

第3に，予想される貨幣供給の増加率は実質金利にはなんら影響を及ぼさない（これを「貨幣の超中立性（superneutrality of money)」という）ことである。さらに，実質金利は一定と仮定されている。

また，インフレが上昇して，名目金利と実質金利とが大きく乖離している経済では，市場金利は，金融の情勢を示すインディケーター機能を喪失してしまい，したがって，期待インフレ率をある程度正確に知ることができない限り，名目金利は金融政策の政策目標としては適当ではなくなる。しかし，わが国では，短期のインターバンク金利は，日々の資金需給の情勢を知るうえで重要な指標になっている。

フィッシャー関係式の基本が理解できたところで，次にその応用例として，マネーサプライの増加が金利水準に与える効果について考えてみよう。これには，次のような複数の効果が指摘できる。

第1は，「流動性効果」で，*IS-LM* 分析における *LM* 曲線の右方シフトによる効果として理解される。もし *IS* 曲線がシフトしなければ，マネーサプライの増加によって金利低下がもたらされる。

第2は，「所得効果」で，マネーサプライの増加による所得の増大によって取引需要が増し，金利が上昇する。

第3は，「期待インフレの効果」で，フィッシャー関係式を通じる効果（期待インフレの効果）である。マネーサプライの増大は将来のインフレ発生期待を生むので，名目金利上昇がもたらされる。

これら3つの効果を総合すると，一般にマネーサプライの増加（率）と金利との間には正の相関があり，インフレの高い（低い）ときには（名目）金利も

高くなる（低くなる），という傾向が知られている。これは，現実に市場で観察される現象として理解されているものである。

第5節　シーニョレッジ（通貨増発による利益）

一般に政府の歳出を賄う収入には，租税収入（直接税，間接税など）や借り入れ（国債発行など）のほかに，通貨増発という手段がある。通貨増発は，インフレを生じさせることで貨幣の実質価値を減じ，民間部門の可処分所得を減らすという意味で，実質的には貨幣保有者に対して課税を施すのと同じ効果をもっている。換言すれば，通貨増発は，所得の実質的な購買力を奪うことで貨幣保有者から政府へ資源を移転させる効果をもっており，「インフレ課税（Inflationary Tax）」とも呼ばれる。

インフレ課税（IT）は，その定義から，インフレによって貨幣保有者が被るキャピタルロス（capital loss）を指す。記号を，M：貨幣供給量，P：物価水準，とすると，

$$\mathrm{IT} = \left(\frac{\Delta P}{P}\right) \times \left(\frac{M}{P}\right) \tag{12.3}$$

と与えられる。これは，ちょうど実質貨幣供給を課税ベースとし，これに，インフレ率 $\left(\pi = \frac{\Delta P}{P}\right)$ を税率とみて乗じたものとみなすことで理解できる。

一方，貨幣増発による収入であるシーニョレッジ（SE）は，実質貨幣供給の増加分として表現できる。式では，

$$\mathrm{SE} = \frac{\Delta M}{P} = \left(\frac{\Delta M}{M}\right) \times \left(\frac{M}{P}\right)$$
$$= （外部貨幣の増加率） \times （実質貨幣供給量） \tag{12.4}$$

によって定義される。

これらの概念と関連して，政府が財政収入の不足を補うために発行する公債が中央銀行によって引き受けられることがある（これを財政ファイナンスとい

図表 12-1　インフレ率と貨幣需要

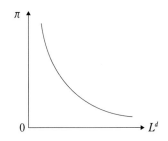

う)。これによって生じるインフレーションを，とくに「公債の貨幣化（monetization）」によるインフレーションと呼ぶ。

　そこで，シーニョレッジを貨幣需要関数と関連付けて考えてみよう。所得水準が一定で，インフレ率がマネーサプライの増加率と等しいときには，貨幣需要はインフレ率に依存する関数になるものと考えられる。すなわち，$L^d = L^d(\pi)$ である。図表 12-1 において，横軸に実質貨幣需要量を取り，縦軸にインフレ率を取ると，貨幣需要関数は右下がりの曲線で表現できる。

　図から明らかなように，インフレ率を際限なく上げていけば，貨幣需要はゼロになるため，貨幣供給量を増やしてシーニョレッジをいくらでも増やすことはできない。

　一般に貨幣需要の所得弾力性は 1 よりも小さいと考えられるので，所得の伸びほどには現金保有は増大しないであろう。このため，低所得層の家計の方が，相対的に現金保有比率が高くなることが予想され，したがってインフレ課税は，逆進的な特徴をもつと考えられる。

　これまでの実証研究では，先進国の財政収入に占めるシーニョレッジの割合はさほど大きいものではない。マネーサプライの伸び率が高い中南米の国々など発展途上国では徴税能力が低いため，貨幣増発によるインフレ課税が政府の重要な収入源になっているところが少なくなく，したがって，これらの国々では高いインフレを経験している。

　わが国では現在，中央銀行である日本銀行からのシーニョレッジは次のよう

に考えられている。すなわち，日本銀行が毎年度の剰余金（最終利益に相当）から捻出する国庫納付金は，日本銀行の利益が銀行券の独占的発行によって生じる「通貨発行益」であるため，準備金や配当以外は，国民の財産として国庫に納付されるのが原則になっている。わが国では，日本銀行が保有する有利子の資産（国債，貸出金など）から発生する利息収入を通貨発行益とみなしている。国庫納付金の 2016 年度実績は，4,813 億円であった。

第 6 節　インフレーションとフィリップス曲線

　本節では，インフレと失業の関係を示すフィリップス曲線を取り上げる。フィリップス曲線を導入することによって，失業とインフレの間に存在するトレードオフ関係をみていく。さらに，人々のインフレ期待（期待物価上昇）を織り込んだフィリップス曲線を導出し，そこから得られる政策的含意をみていくことにしよう。

6.1　フィリップス曲線

　イギリスの経済学者フィリップスは，1950 年代におけるイギリスの長期統計データから，名目賃金の上昇率と失業率との間に安定的な負の相関関係があることを指摘した。労働の需給が緩く失業率が高いときには名目賃金の上昇は低く，逆に，労働の需給がタイトで失業率が低いときには名目賃金の上昇は高いという，失業と賃金上昇率とのトレードオフ関係を見出したのである。これを「フィリップス曲線」という。後に示すように，この関係式に修正を加えると，インフレと失業とのトレードオフ関係を得ることができる。
　ただし，フィリップス曲線によって示されたインフレと失業のトレードオフ関係の経済理論的な基礎付けは，実は必ずしも充分なものではない。後に行われてきた実証研究により，フィリップス曲線そのものの形状や位置は常に安定

的なものではなく,たびたびシフト(移動)することなどが明らかになっている。

記号を,$\frac{\Delta w}{w}$:賃金上昇率,u:失業率,u_n:自然失業率(NAIRU(インフレ非加速的失業率))とすると,フィリップス曲線は,次のような式で表現される。

$$\frac{\Delta w}{w} = f(u-u_n), f'<0, f(u_n)=0 \tag{12.5}$$

インフレと失業の関係を表すフィリップス曲線は,縦軸に賃金上昇率を取り,横軸右方向に失業率を取ると,右下がりの曲線になる。

さて,よく知られているように,物価と賃金には一定の関係がある。企業の価格設定にマークアップ方式を仮定すると,名目賃金の上昇率と物価上昇率(インフレ率)との間にも一定の関係を導き出すことが可能になり,これによって,失業率とインフレ率との間にもトレードオフの関係があることが示される。価格決定の仕方としてマークアップ方式を仮定すれば,財の価格は費用(ここでは賃金水準)に一定の利潤率を上乗せした形で設定されるので,フィリップス曲線にこの関係を用いると,賃金上昇率ではなく,インフレ率と失業率のトレードオフ関係が示される。

記号を,π:インフレ率(物価上昇率),θ:生産性上昇率とすると,インフレ率は,一般に,賃金上昇率から生産性上昇率を引いたものなので,

$$\pi = \frac{\Delta w}{w} - \theta \tag{12.6}$$

となることから,生産性上昇率を上回る賃金上昇率が実現すると,インフレが生じることが分かる。議論の簡単化のため,ここでは生産性の上昇率をゼロとしておくと,直ちにインフレ率と失業率との関係が導き出せる。この関係式は,「物価版フィリップス曲線」と呼ばれ,次の(12.7)に与えられるように,インフレと失業とにトレードオフがあることが示される。

$$\pi = f(u-u_n) \tag{12.7}$$

フィリップス曲線が示す関係が成立する限り,インフレと失業の両方を同時に下げることができないという含意が得られ,マクロ経済において実現可能な

インフレと失業の組み合わせを示すものとして理解された。

しかし、インフレーションが生じる経済では、物価上昇によって名目賃金の価値の目減りが生じるため、経営者と労働組合との賃金交渉において、労働者が関心をもつのは名目賃金ではなく実質賃金である。事実、人々のインフレ期待の変化によって、フィリップス曲線そのものが移動することが現実のデータ分析から確認されてきた。

したがって、上記のフィリップス曲線ではインフレの現象を捉えるには不十分であり、将来発生するインフレーションに対する予想である期待インフレ率を含んだ、期待修正フィリップス曲線が提唱された。

6.2　フィリップス曲線と自然失業率仮説

民間経済部門のインフレ期待がフィリップス曲線に導入されると、期待インフレ率を明示的にすることが求められ、さらに、裁量的な政策によって期待インフレ率が政策の運営にともなって変化していくことが M. フリードマンによって指摘された。このような考え方を、「自然失業率仮説」という。

この仮説では、パラメータとして入ってくる人々の期待インフレ率の変化に応じて、フィリップス曲線がシフト（移動）することが強調された。この仮説に従うと、失業と賃金上昇率との関係を示していたフィリップス曲線は、その右辺に期待インフレ率を加えた形で、(12.8)式のように与えられることになった。π^e を民間部門の期待インフレ率とすると、(12.7)式で与えられる物価版フィリップス曲線は、次のように書き換えられる。

$$\pi = f(u - u_n) + \pi^e \tag{12.8}$$

しかしながら、(12.8)式に与えられる、人々のインフレ期待を織り込んだ物価版フィリップス曲線は、長期的には安定した右下がりではないことが実証分析によって次第に明らかにされてきた（図表12-2）。短期的には、政府の景気拡大政策が発動されると、民間部門の期待形成の遅れから「貨幣錯覚（money illusion）」が生じてインフレと失業のトレードオフが残存するが、人々の貨幣錯覚が修正され、インフレ期待と現実のインフレ率とが一致する長期の均衡状

図表12-2 物価版フィリップス曲線

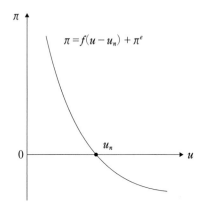

態では、現実の失業率は自然失業率に等しくなってしまう。このような状態のフィリップス曲線を、「長期フィリップス曲線」といい、政府の景気拡大を目的とする裁量的マクロ政策（財政・金融政策）は、その有効性を失ってしまうことが、「合理的期待形成仮説」を奉じる、T. サージャントやR. ルーカスといった研究者達から主張された。インフレと失業のトレードオフは、長期フィリップス曲線が垂直になることで消失し、ケインズ的な裁量的マクロ政策の有効性が否定されるのである。

6.3 オークン法則

フィリップス曲線と関連して、オークン法則を紹介しておこう。これは、アメリカのデータをもとに発見された経験則に基づく関係で、その発見者であるオークンにちなんで、「オークン法則」と呼ばれているものである。オークン法則は、マクロの生産関数に関連して、失業率が低ければ低いほどマクロの生産水準が大きくなることを主張している。

記号を、Y_f：完全雇用 GDP、Y：現実の GDP とすると、オークン法則は次のような式で表される。

$$\frac{Y_f - Y}{Y_f} = g(u - u_n), \quad g' > 0 \tag{12.9}$$

(12.9)式に与えられるように，オークン法則は，GDPギャップ（$Y_f - Y$）と失業率ギャップ（$u - u_n$）との間の相関関係を示すもので，失業率の上昇とともに，GDPギャップが増大することを示している。

完全雇用GDPが一国経済の潜在的GDPに対応すると考えれば，この式の左辺は，GDPギャップ率（需給ギャップ率）に対応し，オークン法則は，需給ギャップと失業率との関係を示しているものと考えられる。

いま(12.9)式を線形の式と仮定すると，右辺の失業率ギャップに掛かる係数を「オークン係数」と呼ぶ。この係数は，失業率の低下（改善）によってどの程度GDPを拡大できるかを示している。オークン係数が大きいほど，小幅な失業率の改善でも，GDPをより大きく拡大することが可能になる。

第7節　デフレーションの経済学

7.1　日本経済とデフレーション

1990年代の日本経済は長期にわたって低迷し，失われた10年とも15年ともいわれた。1980年代のバブル期には，右肩上がりで株価・地価が持続的に上昇していたため，銀行は，土地を担保として積極的な融資活動を競って行った。企業の銀行離れによる不動産関連融資への傾斜が，さらに地価上昇を招き，ノンバンクへの融資も拡大していった。しかし，1990年代に入ってバブルが崩壊して資産価格が暴落し，土地神話が崩壊すると，不動産やノンバンク関連の貸付回収が困難になって巨額の不良債権が顕在化し，銀行のリスク管理の不十分さが露呈した。この結果，銀行経営の健全性や銀行規制の望ましい在り方などが注目されるようになった。

株式市場の動きである日経平均株価をみてみると，ピーク時の1989年12月

29日につけた過去最高値である38,915円87銭から，2年後の2001年には，10,000円近辺の水準へ急速に低下した。このような急激な株価の暴落は，膨大な額の資産価値が喪失してしまったことを意味し，300兆円にも及ぶ時価総額の減少は，投資家に多大な被害をもたらした。1990年代に戦後最大級の不況を経験し，わが国は，依然としてデフレ状態にあるといってよい。2011年末時点では，欧州の政府債務問題に端を発する信用不安で，金融危機の世界的な波及が懸念されており，これを反映するような形で，日経株価は8,000円台に下落し，TOPIX（東証株価指数）も700台と低迷した。

物価を巡る状況をみてみると，消費者物価指数は，円安が物価を引き上げる圧力となるものの，国内需給バランス面からの低下圧力などから，1998年以降，前年比で比較して下落を続けている。また，卸売物価指数（企業物価指数）は，1990年代に入ってから，一貫して低下する傾向を示している。

このようなデフレ基調の中で，先に第3章で述べたような金融仲介機関に期待される情報生産能力（借り手の審査能力）やモニタリング機能も失われてしまった。貸出債権が不良債権となったことや株価低下によって，銀行の自己資本が毀損した。それに加えてリスク負担能力や融資後の債権管理能力などが喪失したため，いくつかの大手金融機関が経営破綻した1997年頃から貸出残高が減少するなど，いわゆる貸し渋り（クレジットクランチ）が顕在化していった。このため，銀行貸出が減少する信用収縮が発生して，実体経済への悪影響が波及し，これがさらに銀行経営を悪化させるという悪循環に陥った。一方，企業は，バランスシート調整を積極的に押し進め，負債の圧縮（有利子負債の返済）を行っていった。

こうした事態に対し，日本銀行は，公定歩合を段階的に引き下げ，金融緩和を図るための低金利政策であるゼロ金利政策を継続した。さらに，2001年3月以降，金融政策の操作目標を，短期金融市場の金利（無担保コール翌日物金利）から，量的な金融指標である日銀当座預金に変更し，金融市場に潤沢な資金を供給する量的緩和政策を続けている。日銀当座預金は，金融機関同士の資金決済に用いられたりするもので，その水準は金融市場の資金が潤沢であるかどうかの目安になる。

7.2 不良債権問題とデフレーション

　銀行部門の脆弱化という現象は，日本に固有の問題ではない。アメリカをはじめとする多くの国々でも 1980 年代に同様の不良貸付債権問題が表面化し，金融システム危機を経験してきた。そこに共通することは，金融自由化の過程において銀行部門が過度のリスク選択行動を行い，金融通貨当局も有効な対応策を取れなかったという背景がある。銀行部門が無理なリスク選択を行ったことに対し，金融当局は従前の規制体系によって適当な対応を行うことはできなかったし，規制体系を変更することもできなかった。

　複雑な不良債権問題の原因は一義的なものではないが，その背景の1つとして，伝統的な銀行業務が金融自由化の過程で，その収益性が低下してきたことが，たとえば，銀行部門の経常利益率（利潤率）の傾向的低下をみれば明らかであった。こうした事態が，銀行のリスク選択のインセンティブを高めた1つの要因になっているものと考えられる。銀行行動の変化として，銀行の預貸率の低下や国債保有の増加が顕著になった。企業部門は，収益の悪化や担保価値の低下とともに，貸し倒れの危険性が高まった。銀行には，利子収入などから構成される業務純益と，株式の含み益（株式の時価と購入価格である簿価との差額）による不良債権の処理が求められた。

　このように，1980 年代のバブル経済が金融危機の発端として考えられ，その背景には，日本銀行による過度の金融緩和政策の続行と，企業金融の構造変化により，銀行融資の拡張的スタンスがとられる一方で，手厚い保護政策の下，銀行のリスク管理の甘さや，審査機能の麻痺も指摘されている。本書第 14 章での議論と関連するが，銀行規制による幅広いセーフティーネットの存在が，市場規律を低下させたことが認識され，その結果，銀行が審査コストを節約したことにともなう損失の経済費用が，甚大なものになったことが指摘されている。

　銀行と企業との株式持ち合いは，1960 年代の資本自由化にともない外資からの敵対的企業買収からの防衛策として進展してきたものであったが，これに

加えて，企業グループの安定的関係の維持や，1980年代になされた大量のエクイティファイナンスの結果などから続いてきたものであった。しかし，バブル崩壊によって株式含み益が減少したため，企業にとって株式持ち合いのメリットは消滅してしまい，むしろ株式保有は，財務上のリスク要因になってきた。近年，株式持ち合い解消の売りが顕著にみられるようになったのは，このためである。

また，時価会計方式という新しい会計方式の導入で，銀行は株式の含み損を計上することが必要になり，銀行の財務体質が資産価値の変動に依存するという構造は，経営の不安定要因となっている。しかし，わが国の銀行部門は，バブル崩壊後の多額の不良資産の処理を終えつつあり，都銀・地銀を問わずその経営状態は改善している。大手銀行では公的資金を返済するなど，回復がみられる。

日米欧の主要国では，長期停滞への懸念が支配している。金利は，世界的な金融緩和政策のために歴史的低水準にあり，また，現実のGDPは潜在GDPを下回る水準にある。わが国では，量的・質的金融緩和政策が継続されているものの，低金利，低成長，低インフレが続いている。バブル崩壊以後の停滞は「失われた20年」と呼ばれており，長期にわたる慢性的な需要不足とデフレ状態が続いている。

わが国が長期的低迷状態にある原因には，これまで金融の機能不全とデフレが指摘されてきたが，これには慢性的な需要不足と生産性の低迷が背景にある。さらに，これら以外にも以下のような諸原因を指摘できよう。

まず，サブプライムローン問題やリーマンショックによる金融危機後の信用収縮とデレバレッジの広がりである。その結果，企業や家計の資金調達が難しくなり，新規投資や耐久財購入などの需要が減退した。

さらに，ゾンビ企業への追い貸しがなされたために非効率企業が生き残り，過剰な供給能力が残存するとともに，過当競争を招いているとの指摘がある。

人口減少も重要な要因であろう。少子高齢化により高齢者が多くなると過剰貯蓄が発生し，さらに，消費，設備投資，住宅投資の減少がともなってくる。わが国では，経済全体の貯蓄は必ずしも減少してはおらず，企業も資金余剰の

傾向（膨大な内部留保）にあり，マクロの貯蓄増大が自然利子率の低下につながる。

　所得分配の不平等化という点についても，アベノミクスのもとでの株高はさらに不平等の拡大を促進し，かつ，賃金の伸び悩み（正規と非正規などの格差）もデフレ傾向を強める要因になろう。

　2000年代における日本企業の復活は，リストラによるコストカットによるところが大きいであろう。しかし，賃金カットはデフレにつながるものであり，また，近年，企業の競争力強化につながる技術革新は限定的なものであったと評価されている。少子高齢化と巨額な政府長期債務は，日本経済の潜在成長率を制約する要因になっているものと考えられ，長期的な停滞から脱するには需要創出が必要とされよう。

第13章 金融政策

第1節 総需要管理政策と金融政策

経済政策とは,市場経済システムが解くべき2つの課題である効率的な資源配分と公平な所得分配を実現するため,市場メカニズムの導く結果に,政府部門が裁量的に,あるいは,ルールによって介入することである。

総需要を管理するマクロ安定化政策の目標には,次のようなものが挙げられよう。

まず第1に,与えられた資源や資本,労働などの生産要素をもっとも効率的に使用したときに達成可能な生産量である「完全雇用水準」を実現することである。一国経済が,潜在的に産出が可能な生産量を実現できていないとき,「デフレギャップ」が存在するという。言い換えれば,生産要素が充分に使われずに残っている不完全雇用が発生しているものと考えられ,これは生産要素である様々な資源が効率的に利用されていないことを意味している。

第2に,物価水準の安定である。これは,わが国で流通する通貨である円の価値を維持・安定させることと同義である。持続的に一般物価水準が上昇するインフレ過程では,通貨価値が下落してしまう。管理通貨制度の下,通貨というものが不可欠なものとして使用される市場経済を維持運営していくとき,通貨価値の安定は,いずれの国の中央銀行にとってももっとも重要な政策目標である。

第3は,マクロ経済の安定化である。短期的な景気循環変動を滑らかにしたり,一国経済の潜在的な生産能力を高めるため,企業の設備投資活動を促進し

て資本ストックを増やすことや，経済成長を高めることなども挙げられる。

　伝統的なケインズ経済学の考え方に基づくとき，経済全体の総需要の大きさによって決定される国内総生産（GDP）の水準は，必ずしも完全雇用水準と一致するとは限らない。したがって，完全雇用の生産量を達成するのに政府が自ら総需要を管理する積極的な政策運営が必要となる。より広く考えれば，市場経済の価格メカニズムが実現する結果は完全なものではないので，政府は様々な経済目標を達成すべく，裁量的に介入することが正当化されるのである。

　さらに，経済のグローバル化が進み，諸外国との貿易取引や資本取引が活発になった現在，国際収支の大幅な赤字や黒字といった対外収支の不均衡を是正することや，変動為替レート制の下で短期的に大きく変動する為替レートの安定（対外的にみた自国通貨価値の安定）も重要な政策課題である。

　本章で考察する金融政策は，総需要管理政策の1つであり，各種の金融政策手段を用いてマクロ経済に働きかけようとするものである。

　金融政策にはまた，総需要管理政策としてだけではなく，金融市場や決済システムの安定性を図ったり，信用秩序を維持すると同時に預金者の保護などを目的とする「預金保険制度」など，様々なミクロ的な政策が存在する。とりわけこれまで戦後一貫してわが国の金融行政においては，各種の競争制限的な規制措置として預金金利規制，業務分野規制，参入規制などが施されてきたが，これらは，近年の金融自由化により撤廃されてきた。護送船団方式と呼ばれる金融機関全体を保護する政策がなくなり，経営効率の劣る金融機関が次々と破綻するという事態が現実のものとなったいま，預金者保護と信用秩序の維持，ならびに，金融機関の健全な経営の維持を目的とする「プルーデンス政策」が重要視されている。資金繰りに困った金融機関に融資を行う中央銀行の「最後の貸し手機能（LLR）」も重要である。

　1970年代以降，わが国の金融政策の目標は，短期金融市場金利であるコールレートや，M2＋CDに代表されるマネーサプライであったといわれている。とくに石油ショック以後，失業とインフレが同時に発生するスタグフレーションを経験したわが国では，物価の安定を金融政策の主要な目標として政策運営が行われてきた。

金融政策の課題はこれまでもっぱらインフレーションであったが，現代の金融政策に課せられている課題は，デフレからの脱却とたび重なる金融危機（financial crisis）の克服であり，これは先進諸国に共通するものである。

本章では，まず金融政策手段とその効果について論じ，その後マクロ経済学で提示される明快な比較静学の分析道具であるIS=LM分析の枠組みにおいて財政金融政策の効果を整理する。さらに，金融政策独自の領域に進みながら，現在日本銀行が行っている金融政策の運営をより詳しく解説していく。

第2節　安定化政策の一般論

2.1　ティンバーゲンの定理

安定化政策に関する「ティンバーゲンの定理」は，政策目標と政策手段の数に関する定理である。ティンバーゲンの定理によると，複数の独立した政策目標を同時に達成するには，少なくとも政策目標と同数の独立した政策手段が必要である。すなわち，「政策手段の数」≧「政策目標の数」が必要なのである。

以下第4節で概説する，ケインズ経済学に基づく総需要管理政策の仕組みを与えるIS=LM分析では，政策担当者は，生産量と利子率という2つの政策目標に対して財政支出とマネーサプライという2つの政策手段を有しているため，望ましいと考える政策目標の水準を達成することが可能である。ケインズ経済学による裁量政策は，ハーベイロードの前提と呼ばれる政府部門の情報優位性に基づく考え方に依拠していて，民間部門よりも情報優位にある政府部門が積極的な介入を行うことが正当化される。

2.2 2段階アプローチ

完全雇用の達成や物価の安定など，様々な政策目標を求めるとき，政策効果が最終的な目標に直接的に及ぶのではなく，政策手段の効果が（最終的な）政策目標に及ぶ経路は多段階であって，下のような流れ図のように波及していくものと考えられている。このような政策波及に関する理解を，「2段階アプローチ」という。

[政策手段] ⇒ [操作目標] ⇒ [中間目標] ⇒ [最終目標]

日本銀行が直接コントロール可能な「政策手段」には，公開市場操作，準備率操作，貸出政策などがあり，これらを用いることによって，まず「操作目標」（準備預金，マネーマーケット金利（コールレート））と呼ばれる経済変数に働きかけようとする。こうした「操作目標」の変動を通じ，次に「中間目標」（マネーサプライ，貸出金利，銀行貸出など）の変数に政策発動の効果が波及する。そして，最終的に「政策（最終）目標」である物価，完全雇用，経済成長，為替レートなどの経済変数に影響が及んでいくものと考えられる。

裁量的な政策運営に当たっては，最終目標よりも政策の効果が強く効き，かつ情報入手が容易（迅速）である経済変数が，金融政策の「中間目標」として適当であろう。金融政策の有効性が発揮されるには，この「中間目標」と「最終目標」との間に安定的な関係が成立していることが必要であり，かつ最終目標の動向に有用な情報を含む変数の選択が重要になる。

第3節　金融政策手段

金融政策には，日本銀行による債券・手形オペレーションである公開市場操作，準備預金の預け入れ率を操作する準備率操作，さらに貸出政策などがあ

る。現在日本銀行は，金融政策手段のうち公定歩合操作で金利メカニズムを通じて経済全体に流通する資金量や金利をコントロールしようとするこれまでの姿勢から転換し，国債や手形などを売買するオペレーションを中心とする金融政策を行っている。

わが国の中央銀行である日本銀行は，債券・手形オペレーション，準備率操作，貸出政策という3つの金融政策手段を有している。以下では，これらを順番に解説していくことにしよう。

3.1 債券・手形オペレーション

債券・手形オペレーション（公開市場操作，オープンマーケットオペレーション）とは，金融機関だけではなく事業法人などの経済主体も参加できる金融市場である公開市場（オープンマーケット）において，日本銀行が，各種の債券や手形（具体的には，国債，手形，CP（コマーシャルペーパー）など）を直接売買することである。これによって日本銀行は，市場に流通するハイパワード・マネー残高を調節し，市場金利に影響を及ぼすことができる。金融政策の結果として実現する市中金利の変動は，銀行の資金調達コストに影響を及ぼすことを通じて貸出行動に作用し，さらにマネーサプライの変動を通じて，最終的に，民間経済主体の設備投資活動や支出活動に影響が及んでいくものと考えられる。

日本銀行が公開市場で各種の債券を購入する操作を，「買いオペレーション（買いオペ）」，あるいは，「資金供給オペレーション」という。市中から債券を購入してその代金が支払われる買いオペによって市中に資金供給がなされる。資金供給オペレーションである買いオペには，共通担保オペレーション，CP買現先，国債買現先，短期国債買入れなどがある。この買いオペによって金融市場にハイパワード・マネーが供給されると，銀行貸出を通じて信用創造の拡張プロセスが生じ，マネーサプライが増加して金融緩和がなされるため，経済に拡張的効果が及ぶことが期待される。

これとは逆に，日本銀行が，国債や手形などを市場に売却する操作を「売り

オペレーション（売りオペ）」あるいは「資金吸収オペレーション」という。資金吸収オペレーションには，手形の売出し，国債売り現先，短期国債売却などがある。これらによって資金吸収を行うと，金融市場のハイパワード・マネーが減少するため，金融引き締めの効果が生じることになる。

このように，債券・手形オペレーションはハイパワード・マネーに直接的に影響を与えるもので，機動性に富んだ政策手段である。各種の金融市場の発達とともに債券・手形オペレーションは，現在日本銀行にとってもっとも重要で中心的な政策手段になっており，ハイパワード・マネー供給の中心的役割を果たしているのは，日銀貸出ではなくこのオペレーションになっている。

なお，日本銀行は，長期国債の買入れについては，金融調節の柔軟性を確保するため，日本銀行が保有する長期国債残高を，銀行券発行残高を上限とするルール（これを，「銀行券ルール」という）を設定している。

3.2 準備率操作

第10章第3節「信用創造の理論」で説明がなされたように，金融機関は「準備預金制度」に従って，様々な預金残高の一定割合を日本銀行準備預金として無利子で積まなければならないことになっている。このため，たとえば日本銀行が預金準備率を引き上げると，銀行は積まなければならない準備預金が不足することになり，コール市場で資金を調達しようとする。

準備率操作とは，日本銀行がこの預金準備率を上げ下げすることでハイパワード・マネーに影響を与えようとするものである。たとえば，預金準備率が引き上げられると，預金創造プロセスが縮小して銀行貸出が抑制され，金融引き締めの効果がもたらされる。逆に，預金準備率が引き下げられると，銀行の保有する準備に余裕が生じる結果，銀行貸出が増え，金融緩和の効果が及ぶのである。

先に述べた債券・手形オペレーションは，直接的にハイパワード・マネーの量に影響する政策手段であるが，この準備率操作は，信用創造メカニズムにおける貨幣乗数（信用乗数）を通じてマネーサプライに影響を及ぼすものであ

る。準備率操作は，準備預金の法定準備率を変更することで銀行の与信活動に影響を与えるものであり，その効果は強力なものであるとみなされてきたが，実際，準備率の変更は頻繁に行われるものではない。わが国では日本銀行が，1991年10月に預金準備率が引き下げたのを最後に，預金準備率の変更は行われていない。準備率操作は，金融調節の重要な手段であるものの，現在日本を含めた主要な先進国ではほとんど使われていないと理解してよい。

3.3 貸出政策

日本銀行は銀行の銀行として，金融機関に対して貸付を行う。日本銀行は，民間企業や個人とは直接には取引を行うことはなく，銀行の銀行として金融機関に対して貸出を行っているのである。3番目の金融政策手段である貸出政策では，日本銀行貸出金利である「公定歩合」を変更することにより，銀行の資金コストに影響が及ぶことが期待される。

わが国で規制金利が敷かれていた時期には，各種の預貯金金利は政策金利である公定歩合に直接的に連動する仕組みであったため，公定歩合は，日本銀行の金融政策のスタンスを表す代表的な政策金利であった。この貸出金利の変更は銀行貸出に作用し，民間企業の設備投資活動などに影響が及ぶことになる。公定歩合の引き上げは，金融機関の資金調達コストを引き上げることで貸出の減少を招き，金融引き締めの効果をもたらす。逆に，公定歩合の引き下げは，金融機関の資金調達コストを引き下げることで金融緩和をもたらすことが期待されてきた。

公定歩合政策に期待されるこうした効果は，一般に「コスト効果」と呼ばれるものであり，銀行の資金調達コストに影響を及ぼすことを通じて貸出を変化させる効果に注目するものであった。それとともに公定歩合の変更には，日本銀行の政策運営のスタンスや景気に対する業況判断を示すものと理解される「アナウンスメント（告知）効果」が指摘されてきた。

しかし，わが国では，金利の完全自由化が行われた1994年以降，市場の金利体系は，日本銀行の市中銀行への貸出金利である公定歩合には必ずしも連動

しなくなってきており，日本銀行は1996年以降，原則として各種のオペレーションによって金融調節を行っている。欧米諸国の中央銀行が行っているように，日本銀行も，銀行間金利である無担保コール翌日物金利を政策金利として採用し，2006年から日本銀行は，政策金利として意味合いがなくなったとして，公定歩合という言葉を使わなくなっている。政策金利としての公定歩合は，現在，「基準割引率および基準貸付金利」と名称変更されている。これまで考察してきた日本銀行のバランスシートにおける貸付金の項目のほとんどは，これまでの手形買入による日本銀行貸出から変更された「共通担保オペレーション」という形での日銀貸出になっている。

日本銀行の貸出政策では，2001年に導入した「補完貸付制度」に基づいた「基準貸付金利」が使用される。この金利水準で日本銀行は，金融機関があらかじめ差し入れてある担保の範囲内で希望する金額を受動的に貸出するようになっている。「基準貸付金利」は，無担保コールレート（翌日物）よりも高い水準にあって，その上限を画する役割を担っている。

さらに，2008年10月に導入された「補完当座預金制度」は，金融機関等から受け入れる当座預金のうち，「超過準備」（準備預金制度による所要準備を超える金額）に利息を付すもので，その利率は，日本銀行が金融市場調節方針において誘導目標として定める無担保コールレート（翌日物）の水準から日本銀行が定める数値（いわゆるスプレッド）を差し引いた率になっている。日本銀行当座預金の超過準備に付利することによって，これがコールレートの下限を画する効果が期待されている。このような制度の導入により，オペレーションによる短期金利の安定化が期待される。

以上説明してきた各種の代表的な金融政策手段のほかに，かつて日本銀行は，「窓口規制」や「選択的信用規制」といった，金融市場の安定を目指した規制措置を用いてきた。このうち，「窓口規制」による貸出増加額規制は，日本銀行が，四半期ごとに主要な銀行に対し民間向け貸出増加額の上限を指示するものであり，法的強制力はないものの対象金融機関の自発的協力を前提とした道徳的説得の一形態であった。窓口規制は，1991年に廃止されている。

第4節　財政金融政策の基礎理論と $IS=LM$ 分析

本節では，諸外国との貿易・資本取引などがない閉鎖経済において，伝統的な $IS=LM$ 分析のフレームワークにおいて財政金融政策の効果を解説する。

4.1　$IS=LM$ 曲線

IS 曲線と LM 曲線によって，財政金融政策の効果を整理してみよう。$IS=LM$ 分析とは，内生変数である生産量と利子率が，投資需要の利子弾力性，貨幣需要の所得弾力性・利子弾力性などをパラメーターとし，外生変数である貨幣供給量と財政支出によって決定される体系である。この分析では，物価が一定である短期における産出量決定問題を想定しており，財に対する需要と供給の不均衡の調整は数量によってなされると考える。

記号を，Y：GDP（国内総生産），$C(Y)$：消費関数，$I(i)$：投資関数，G：財政支出（外生的），$S(Y)$：貯蓄，i：利子率，とする。このとき，財市場の均衡条件は，次のように与えられる。

$$Y=C(Y)+I(i)+G \qquad (13.1)$$

財市場の均衡条件は，産出量が消費と民間投資と財政支出との和に等しい状態であり，財市場の均衡を表す産出量 Y と利子率 i との組み合わせを示している。

財市場の均衡条件を表すこの IS 曲線は，通常右下がりの曲線で表現される。これは，所得の増大（減少）にともなって貯蓄が増大（減少）すると，それに等しい額の投資が増加するには利子率が下落（上昇）しなければならないからである。

次に貨幣市場の均衡条件を表す LM 曲線は，第11章で導出された。貨幣需要は所得の増加関数，利子率の減少関数であるものとする。

$$M=L(Y,i) \qquad (13.2)$$

図表 13-1 *IS＝LM* 曲線

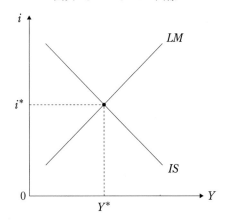

　財市場と貨幣市場が同時に均衡する状態を表現する *IS＝LM* 曲線は，図表 13-1 のように表される。*IS* 曲線と *LM* 曲線を同一平面上に書くと，その交点が均衡の生産水準 Y^* と利子率 i^* である。そして，均衡の生産量と利子率は，*IS* 曲線あるいは *LM* 曲線の少なくともどちらかに影響を与える外生変数の変化（ショック）があれば，それに応じて変化する。貨幣供給量の変化をともなう金融政策は，貨幣市場へのショック要因とみなせるし，財政支出の変化である財政政策の発動は，財市場へのショックと考えることができる。現実には政策運営によるショック以外にも，これまで述べてきたそれぞれの曲線をシフトさせる様々なショック要因が両方の市場に常に作用している。以下ではしかしながら，裁量的政策の効果を考察するに当たって，金融政策と財政政策をそれぞれ独立に発動したときの効果をみていくことにする。

　ところで，*IS＝LM* 曲線の交点は，所得も利子率もともに財市場と貨幣市場の双方を均衡させる水準であるが，こうして得られる生産水準は必ずしも生産要素をフルに雇用したときに実現できる潜在的な生産水準である完全雇用生産量と一致しない。失業した労働者が残され労働市場に不均衡をともなったまま，財市場と貨幣市場だけが均衡するという状態が起こりうる。労働市場において，人々が現行の賃金で働きたいと思っているにもかかわらず，雇われない

という非自発的失業が生じているということである。このような状況を不完全雇用均衡と呼び，労働市場に残された不均衡によって，潜在的に経済が供給可能な水準を下回る生産水準しか実現されていないことを意味している。このとき，GDPギャップが存在しているともいう。

不完全雇用均衡が生じる原因を，ケインズ経済学では，市場の不完全性の1つである名目賃金の硬直性に求める。労働市場の需給不均衡が賃金の調整によってクリアーされない限り，総需要の水準を適当にコントロールして完全雇用を実現するように，財政金融政策の発動が求められるのである。

4.2 財政政策の効果

財政政策とは，財政支出の水準や税率の変化であり，IS曲線のシフトによって表現できる。財政支出の拡大や減税による景気拡大政策によってIS曲線は右上方へシフトする。一方，財政支出の縮小と増税による景気引き締め政策は，IS曲線の左下方へのシフトによって表現される。減税や増税は，財政支出の増大と削減と同じなので，以下では，財政支出の効果だけを検討する。

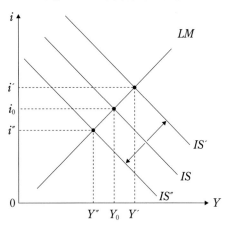

図表13-2 財政政策の効果

当初経済の均衡が Y_0, i_0 にあったとしよう。図表13-2に示されているように，財政支出の拡大によって，IS曲線はISからIS'にシフトすると，LM曲線の位置が変わらなければ，生産水準はYからY'に増大し，利子率はiからi'に上昇する。このように，利子率の上昇をともないながら生産が拡大することが財政支出増加の効果である。また財政支出が縮小されると，IS曲線はISからIS″にシフトするため，このときもLM曲線の位置が変わらなければ，生産水準はYからY''に減少し，利子率はiからi''に下落する。

ここで財政支出の増大にともなって利子率が上昇するのは，所得の増大によって取引動機による貨幣需要が増大し，マネーサプライが一定のままで貨幣市場が均衡するには，利子率の上昇によって投機的動機による貨幣需要が減らなければならないからである。

4.3 金融政策の効果

金融政策とは，先に説明したように，様々な金融政策手段を用いてマネーサプライを変化させることである。いま，金融緩和政策によってLM曲線がLMからLM'へと右下方にシフトするとき，IS曲線の位置が変わらない限り，生産は増大し，利子率は下落する。当初均衡が Y_0, i_0 にあったとしよう。図表13-3で示されるように，金融緩和政策によって生産水準はYからY'に増大し，利子率はiからi'に下落する。このように，金融緩和政策は生産水準を増大させる効果をもつ一方，利子率を低下させる効果をもつ。これは，マネーサプライが増大することによって貨幣市場に超過供給が生じて利子率が低下し，投資が促進されることで生産が増大するというメカニズムとして理解される。

逆に，金融引き締めが行われてLM曲線がLMからLM″へと左上方にシフトすると，IS曲線の位置が不変である限り，生産水準は減少し，利子率は上昇することが分かる。生産水準はYからY''に減少し，利子率はiからi''に上昇する。金融引き締めは生産水準を縮小させる効果をもち，利子率に対してはこれを上昇させる効果をもつことになる。

また，流動性の罠（わな）が生じている状況，投資の利子弾力性が0の状

図表13-3　金融政策の効果

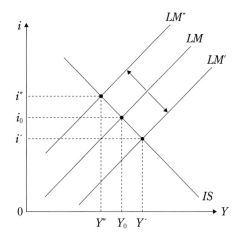

況，貨幣需要関数が貨幣数量説（古典派のケース）に従う状況では，いずれも金融政策は無効となることが知られている。

4.4　安定化政策の有効性

ここでは，$IS=LM$ モデルで指摘されてきた総需要管理政策の有効性に関連するテーマを概観する。以下に提示される諸点は，古典的な $IS=LM$ モデルの限界や拡張の方向を指摘するものである。

第1は，「資産効果（富効果）」である。経済主体の保有する資産の実質価値と消費支出との間には正の相関があり，資産の実質価値が増大すると消費支出額が増えることを，「資産効果」と呼ぶ。この資産効果は，個人の消費がフローの可処分所得だけではなく，ストックとして保有している資産の水準にも依存していることを意味している。資産効果を仮定すると，赤字国債の発行をともなう財政政策を行うことにより，追加的な拡張効果が期待されることが分かっている。

第2は，「クラウディング・アウト効果」である。クラウディング・アウト

効果とは，財政支出の拡大によって金利が上昇し，民間部門の需要（投資）が押し出される格好になり減少することをいう。LM 曲線が一定である限り，財政支出の拡大によって IS 曲線は右方にシフトするわけであるが，これによって生じる利子率の上昇が，民間設備投資を減少させてしまう。クラウディング・アウト効果は，財政政策が民間投資を抑制して，当初期待される拡張効果が減殺されてしまうことを意味している。

　第3は，財政政策の有効性を否定する含意をもつ「リカードの等価定理（中立性命題）」である。財政赤字を公債発行で賄うとき，クラウディング・アウト効果と並んで，ケインズ的な公債発行をともなう財政支出の拡張効果そのものを否定する考え方である。消費者の異時点間の予算制約を考えるとき，現在時点における赤字国債発行をともなう財政支出は，将来の増税を意味する。リカードの等価定理（中立性命題）とは，人々が合理的に将来の政策対応を予想するとき，貯蓄を増やしてしまうことで総需要が減少し，財政支出の効果が短期的にも否定されるという主張である。

第5節　非伝統的金融政策

　わが国では，バブル崩壊後の長期景気低迷やデフレ，金融機関の経営破綻などに対し，伝統的な金融政策では対応不可能となり，日本銀行はこれまでに経験のない緩和政策を実行してきた。流動性の罠（わな）や名目金利ゼロの制約の下では，伝統的な金融政策は無効であることが明らかになったからである。

　近年日本銀行が採用した「非伝統的金融政策」とは，政策金利を事実上ゼロに近い水準まで下げて金融緩和を図る政策である「ゼロ金利政策」，金利を下限であるゼロにまで下げるだけではなく，さらに準備預金を潤沢に供給することにより金融緩和を図ろうとする「量的緩和政策」，「包括緩和政策」，さらに，日銀当座預金にマイナス金利を付与する「マイナス金利政策」や，「量的・質的金融緩和政策」などである。非伝統的金融政策は，国債をはじめとする大量

資産購入と準備供給の大幅な増加，フォワードガイダンス，マイナス金利の設定などによって特徴付けられる，新しい金融政策の形である。

　日本銀行は，公定歩合を段階的に引き下げ，まず最初に金融緩和を図るための低金利政策である「ゼロ金利政策」を行った。さらに，2001年3月以降，金融政策の操作目標を，短期金融市場の金利（無担保コール翌日物金利）から，量的な金融指標である日銀当座預金に変更し，金融市場に潤沢な資金を供給する「量的緩和政策」を遂行した。日銀当座預金は，第2章で考察したように，金融機関同士の資金決済に用いられるもので，その水準は，金融市場の資金が潤沢であるかどうかの目安になる。

5.1　ゼロ金利政策

　日本銀行は，1999年2月から2000年8月まで，操作目標である無担保コール翌日物金利を実質ゼロに誘導することを決めた。これが「ゼロ金利政策」の始まりであり，2006年7月14日まで継続した。

　このゼロ金利政策の柱は，次のように要約できる。①無担保コール翌日物金利を0％で推移させる。②この政策を，「デフレ懸念を払拭が展望できるような情勢」になるまで継続する。このゼロ金利政策により，日本銀行は金融の大幅緩和を継続した。それと並行して，短期国債現先買いオペなどを通じて大量の資金を弾力的に供給した。この結果，貸出金利，CPレートなど金利裁定を通じて短期金利低下を促すことで，企業の資金繰りやバランスシートの改善を促進することが期待された。日本銀行のコミットメントにより，市場参加者の期待形成と緩和効果の浸透を目的とし，デフレ懸念の払拭ができるようになるまでこの政策スタンスを維持したものである。

5.2　量的緩和政策と包括緩和政策

　日本銀行は，これまでの金利引下げにより，金利面での緩和余地がなくなったため，2001年3月金融政策の操作目標を，従来のコールレートから日銀当

座預金残高に変更し，日銀当座預金残高を，必要準備をはるかに超える額まで積み上げる量的緩和政策を行った。短期金利の指標であるコールレートの決定は市場に委ねられ，潤沢な資金供給と「補完貸付制度」による金利の上限設定がなされた。この補完貸付制度（ロンバート貸付制度）により，公定歩合がコールレートの上限になり，金融機関の差し入れ担保の範囲内で日銀貸付を行うことになった。

日本銀行が行ってきた量的緩和政策の柱は，次のようであり，民間経済のデフレ状態を脱するまで市場に潤沢な資金供給を行い，日本経済を下支えることを目標とした。①金融政策の操作目標を，従来のコールレートから日銀当座預金に変更する。②日銀当座預金残高を，直近の4兆円から5兆円程度に増額する。必要準備額より1兆円ほど多く供給して，銀行貸出の拡大などを期待した（最終的には30兆円〜35兆円に増額された）。③日銀当座預金残高を増額する手段として，長期国債の買入れを増額する（ただし，銀行券発行残高を上限とする）。④この金融調節を，消費者物価指数（生鮮食料品を除く）の前年比上昇率が安定的に0％以上になるまで緩和を継続する。

ゼロ金利制約（コールレート＝0％）の下，量的緩和政策には次のような効果が期待された。

第1は，「時間軸効果」と呼ばれるものであり，将来の短期金利を低水準に維持するという政策コミットメントにより，長期金利の低下を図る。これは第8章で学んだ，金利の期間構造に関する期待仮説に基づくものである。

第2は，「ポートフォリオ・リバランス効果」と呼ばれるもので，民間金融機関が多量のハイパワード・マネー（準備預金）を有することで，その一部を他の資産に持ち換えようとする動き（貸出や有価証券投資）を誘発することを期待するものである。

その後実施された包括緩和政策は，2010年10月5日に発表された追加的な緩和政策の総称である。短期金利がゼロ以下に下がらないという制約のもとで，量的緩和以降に採用された包括緩和政策は，次の3つの柱から構成される。①政策金利を0.1％から0〜0.1％に引き下げ，4年ぶりに実質ゼロ金利政策を復活する。②「中長期的な物価安定の理解」に基づく時間軸の明確化であ

り，1%程度の物価上昇が見られるまで，このゼロ金利を続ける。③資産購入の基金を創設する。5兆円規模の資産買入計画で，金融政策のオペレーションの対象として，国債，CP，社債，上場投資信託（ETF），不動産投資信託（REIT）などの資産を購入する。

このような包括的緩和政策によって，日本銀行は，短期金利の下落余地がない状態で，各種の資産のリスクプレミアムを低下させることで景気拡大を図ることを目指した。しかし，一方でこのような前例のない政策を行うことにより，日本銀行のバランスシートの劣化や健全性の阻害が危惧された。金融緩和措置により国債買い入れなどを積極的に進めてきたため，国内総生産（GDP）に対する日本銀行の資産規模は，およそ3割近くにも達した。

5.3　量的・質的金融緩和，マイナス金利政策，長短金利操作付き量的・質的金融緩和

(1)　量的・質的金融緩和（QQE）

2013年から黒田日銀総裁のもと，異次元の金融緩和政策が開始され，「量的・質的金融緩和（QQE）」が導入された。日本銀行は，消費者物価の前年比上昇率2%の物価安定の目標を，2年程度の期間を念頭に置いて，できるだけ早期に実現するため，マネタリーベースおよび長期国債・ETFの保有額を2年間で2倍に拡大し，長期国債買入れの平均残存期間を2倍以上に延長するなど，量・質ともに，これまでとは異なる金融緩和を行うこととした。

そこでは，①マネタリーベース・コントロールの採用ということで，量的な金融緩和を推進する観点から，金融市場調節の操作目標を，無担保コールレート（オーバーナイト物）からマネタリーベースに変更し，マネタリーベースが，年間約60～70兆円に相当するペースで増加するよう金融市場調節を行う。②長期国債買入れの拡大と年限を長期化する。③ETF，J-REITの買入れを拡大し，資産価格のプレミアムに働きかける観点から，ETFおよびJ-REITの保有残高が，それぞれ年間約1兆円，年間約300億円に相当するペースで増

加するように市場からの買入れを行う。④「量的・質的金融緩和」は，2%の「物価安定の目標」の実現を目指し，これを安定的に持続するため継続する。

ここで，「量的」とは，マネタリーベースを大量に増加させることであり，「質的」とは，比較的リスクの高い資産の購入を増やすことを指している。この量的・質的金融緩和政策により，株高，長期金利低下，円安が実現し，総需要の拡大に寄与した。

(2) マイナス金利付き量的・質的金融緩和

日本銀行は，2016年1月，「マイナス金利付き量的・質的金融緩和」を導入した。すなわち「量」，「質」ならびに「金利」の3つの緩和手段で金融緩和を進めていくことを決めたのである。「金利」については，マイナス金利の導入を決め，日銀当座預金を3段階の階層構造に分割し，階層に応じてそれぞれプラス金利，ゼロ金利，(0.1%の) マイナス金利を適用した。「量」については，マネタリーベースが，年間約80兆円に相当するペースで増加するように金融市場調節を行うこととした。「質」については，資産買入れ方針として，①長期国債について，保有残高が年間約80兆円に相当するペースで増加するよう買入れを行う。② ETF および J-REIT について，保有残高が，それぞれ年間約3兆円，年間約900億円に相当するペースで増加するよう買入れを行う。③ CP 等，社債等について，それぞれ約2.2兆円，約3.2兆円の残高を維持することとした。

(3) 長短金利操作付き量的・質的金融緩和

日本銀行はさらに2016年9月，さらに「長短金利操作付き量的・質的金融緩和」を導入した。この政策枠組みは，第1に，金融市場調節によって長短金利の操作を行う「イールドカーブ・コントロール」を導入すること，第2に，消費者物価上昇率が安定的に2%の物価安定の目標を超えるまで，マネタリーベースの拡大方針を継続する「オーバーシュート型コミットメント」という2本の柱で構成される。

「イールドカーブ・コントロール」により，日銀当座預金に対するマイナス

金利適用と長期国債の買入れの組み合わせとともに，長短金利操作を行うための新しいオペレーション手段（指値オペ）を導入した。また，「オーバーシュート型コミットメント」は，生鮮食品を除く消費者物価指数の前年比上昇率の実績値が安定的に2%を超えるまで，マネタリーベースの拡大を継続するものである。これは，2%の「物価安定の目標」の実現に対する民間部門の信認を高めることを狙いとしている。

　マイナス金利を始めとする強力な金融緩和政策により，10年物国債などの長期金利もマイナスになり，投資などを刺激する効果が期待される一方で，貸出利ザヤが縮小して，銀行の収益を圧迫する可能性が指摘された。

　日銀の金融政策は現在，これまで以上に複雑化している。一方で，金融緩和政策を1つの柱とするアベノミクス導入以後，株価や為替レートには一定の影響はあったものの，需給ギャップの改善は見られず，好況感に乏しいままである。鈍い賃金上昇のため消費にも盛り上がりを欠いており，景気対策として金融政策のみに頼り過ぎている無理が指摘できよう。

第14章 金融規制と信用秩序維持政策

第1節 金融規制

　金融規制を論じる本章を始めるにあたり本節では，金融機関が直面するリスク概念と金融規制の存在理由，さらに，わが国金融規制の体系について，概観していく。

　本書でこれまで考察してきたように，金融仲介機関は，預金や資金決済を通じて経済取引に深く関連しているため，経営破綻したときには経済活動に与える影響は甚大である。そこで，政府（金融監督当局）は，銀行の経営の安定に寄与するよう様々な規制体系を敷いている。先に第4章で考察したように，銀行の役割は，資金仲介と決済機能を担うことであり，それが高い公共性を有するがゆえに，効率的な公的金融規制が必要になるのである。

　わが国の金融行政を担当する金融庁は，その中核的政策目標として，①金融システムの安定，②利用者である預金者の保護，③ならびに市場の透明性・公正，の3つを掲げている。金融機関の経営破綻は，そのステークホルダー（利害関係者）である金融機関の株主，債権者，預金者，借り手企業だけではなく，金融システムを構成する金融機関全体に伝播するシステミックリスクを内包しているという社会的費用をともなう。

1.1　金融機関が直面するリスク

　金融機関の規制を考察する前に，金融機関が直面するリスク概念について詳

しく整理しておこう。

　第1は，「信用リスク」である。これは，貸出金の元利金が回収できなくなるなどして債務不履行を被るリスクである。貸付債権などバランスシート（貸借対照表）上で資産勘定を構成する項目において，利払いが滞ったり，債務不履行が起こる可能性がある。「デフォルトリスク」がこれに相当する。この信用リスクは，銀行が直面するもっとも基本的かつ根源的なリスクと考えられ，これに対応するため，銀行は，借り手の審査と債権管理（モニタリング）や分散投資を積極的に行う。

　1997年11月の三洋証券の経営破綻時に，わが国のコール市場で戦後初のデフォルトが発生した。その後，北海道拓殖銀行や山一証券の自主廃業を契機として海外市場において邦銀の信用リスクに対する警戒感が高まったため，ユーロ市場での資金調達において，邦銀には，割り増し金利であるジャパンプレミアムが要求された。これは，信用リスクに該当する典型的な事例であろう。

　第2は，「流動性リスク」である。これは銀行の資金繰りに齟齬が生じるリスクをいう。言い換えれば，資金の運用と調達のミスマッチがこの流動性リスクに相当する。したがって，たとえば，資金運用に関して短期性資金への依存度が高すぎる流動性リスクが高まることになり，これは，市場で自分のポジションを解消しようとするときにかかるコストでもある。預金の預け入れや引き出しによる資金の流出入は，予見不可能なものであり，近時，この流動性リスクに対処するため，多くの銀行で超過準備を保有することも観察された。

　この流動性リスクは，サンスポット的なため突然発生するものであり，そのコントロールや予測は，一般には困難である。また信用リスクとも関連して，資金貸借額の拡大とともに，システミックリスクと相関することが考えられる。銀行のバランスシートは，負債勘定と比較して資産勘定の項目の方がより非流動的であることが特徴である。

　第3は，「マーケットリスク（市場リスク）」であり，資産価値の予期しない変動によって損失を被るリスクをいう。このマーケットリスクには，「金利リスク」と「為替リスク」がある。金利リスクは，金利の予期しない変動による期待収益の減少や資産価値の減少をいう。為替リスクは，為替売買による損失

の発生による期待収益の減少をいう。オプションの要素を含んだ資産が銀行のポジションの中にあれば，ボラティリティーの変動にともなうリスクも考えられる。

1.2　金融規制の考え方

　規制（regulation）とは，一般に，公的部門が何らかの政策的な目的に基づいて民間経済主体の行動に介入することの総体を意味している。

　金融機関や金融システムを規制によって保護しなければならない必要性は，どこにあるのだろうか。「金融規制」は，広く金融仲介に関わる金融機関や，資金貸借がなされる金融市場への政策的介入である。これまで，わが国の金融規制では，「信用秩序の維持」と「預金者保護」という2つの目的が指摘されてきた。

　規制としての公的部門の介入が正当化されるのは，何らかの市場の失敗に求められるのであり，金融システムにおいては，とりわけ，貸し倒れや銀行取り付けのリスクを回避することに求められる。とくに情報保有において劣位に置かれている小口預金者が不利な立場に置かれていることが，保護の理由となりうる。また，「銀行取り付け（Bank Run）」の伝播や，決済システムを担う金融システムの破綻は，すぐれて外部性をもつものである。

　そこで，「プルーデンス政策」と呼ばれる金融システムへの公的介入の存在理由について，経済理論的に検討するときの背景となるものを整理することが必要になる。わが国では，金融規制当局と金融機関とが協調しながら規制を形成していたので，市場の競争を促進するというよりは，むしろこれを抑制する方向に作用していたものと評価されている。とりわけ金融業という特殊な産業での市場の失敗には，次のような点がとくに指摘される。

　第1は，銀行と預金者との間の「情報の非対称性問題」であり，とりわけ小口の預金者は，金融の知識が少ないものと考えられる。銀行のステークホルダーからなる様々な債権者のうち，小口の一般預金者には，預金を預け入れてある銀行の財務状況を熟知することには膨大なコストがかかり，たとえ情報を入

手し得たとしてもそれを解析する能力に乏しい。

第2は，外部不経済（externality），あるいは，負の外部性である。とくに金融システムに固有のものとしては，銀行の経営破綻による流動性危機や，支払い能力の喪失（インソルバンシー）が発生すると，連鎖的に銀行間ネットワークを伝わって他行にも波及してしまう「システミックリスク」が指摘できる。決済システムという銀行が提供する公共的な機能が停止するなどの機能不全を起こすと，ひいては経済活動全般が麻痺し社会厚生にも多大な損失を招くことになる。

1.3 わが国の銀行規制

戦後一貫してわが国では，決済システムを担うなど経済に重要な役割を果たす金融機関が経営破綻するのを防ぐため，銀行同士の競争を緩和するための競争制限的規制体系が敷かれていた。銀行業に対する規制体系には，業務分野規制，金利規制，参入規制，内外市場分断規制（為替管理），店舗規制，有担保原則，などが定められていた。そして，護送船団方式と呼ばれるように，もっとも経営効率が悪い金融機関でも破綻しないような金融制度が構築されていた。ただし，銀行組織に非効率性が残存したことも指摘され，競争力の強い銀行には超過利潤である独占レントが発生していたであろうことは言うまでもない。また，金利規制によって，金融機関の資金調達ならびに運用金利を勘案したのち，各種の預金金利や貸出金利，公社債の発行条件などが，金融行政当局を含めた協議によって定められていた。

金融政策では，戦後，「日銀貸出」と「窓口指導」が中心的な政策手段であったことが広く理解されているところであるが，銀行規制は，金融システム全体の中で，規制当局と銀行との間で利益供与を含む密接な関係という論脈の中で機能してきた。銀行は決済システムの担い手であり，金融仲介と流動性供給という重要な役割を担っている金融機関の経営を健全なものに維持するために，何らかの形で政策当局による公的な介入がなされることは，「信用秩序の維持（金融システム・決済システムの保護）」と小口の債権者である「預金者

保護」につながり，最終的には，金融システムの安定に貢献するものとして考えられてきた。

1.4 事前的規制と事後的規制

　信用秩序の維持を目途とし戦後一貫して行われてきたわが国の銀行規制の体系にみられる一連の金融行政は，「信用秩序維持政策（プルーデンス政策）」とも呼ばれ，金融機関の破綻防止，金融システムの安定性に向けての諸政策を総称するものである。信用不安による取り付けは，銀行に対する信頼の揺らぎが生じると金融仲介機能が遮断され，実体経済に甚大な被害が及ぶことになる。

　信用秩序維持政策としての銀行規制には，「事前的規制」と「事後的規制」とがある。

(1) 事前的規制

　銀行の経営破綻防止を目的とする「事前的規制」には，①「競争制限的規制」としての預金金利規制，参入・店舗規制，業務分野規制，内外市場分断規制などがあり，これに加えて，②「健全経営規制（バランスシート規制）」，③金融機関に対する検査・考査・モニタリングがある。

　「競争制限的規制」のうち金利規制は，預金金利の上限規制である。これは，銀行が高い金利を設定することで預金吸収し，高い金利での貸し出しを行うことが融資の焦げ付きにつながり，資産内容が悪化することを防止するものである。1930年代大恐慌の経験に学び，レギュレーションQによって預金金利の上限規制によって預金獲得競争を排除しようとしたアメリカに倣い，日本では臨時金利調整法が導入された。

　業務分野規制は，アメリカのグラス・スティーガル法に倣い，銀行と証券の分離を旧証券取引法第65条で規定したものである。業務分野規制には，（ⅰ）銀行と証券の分離，（ⅱ）長期金融と短期金融との分離，（ⅲ）銀行と信託の分離，などがあった。銀証分離は利益相反を禁じるためのものであり，長短分離は，流動性リスクや金利リスクを排除するためである。金融機関の垣根を作っ

ていた業務分野規制は，資本蓄積が充分でなかったわが国経済の発展に対して，まず資本市場の拡充よりも銀行を中心とする金融取引，とく商業銀行業務が先行する仕組みが選択されたことを意味していた。この規制により，金融機関の専門化と分業体制を実現し，異業種間の垣根を張り相互の競争を排除した。参入規制も，実質的には同様の効果を狙ったものである。

内外市場分断規制は，為替管理や海外との資本取引を制限するものであったが，1998年から改正外為法が施行され，為銀主義が撤廃された。

このように，様々な規制措置を内包する「競争制限的規制」は，新規参入を規制することなどを通じて銀行の過度の競争を回避し，超過利潤を保障するものであった。

第2の「健全経営規制」は，銀行のバランスシート（貸借対照表）に何らかの制約を置き，銀行が過度のリスクを負わないことを目的とするもので，以下第3節で解説するBIS（国際決済銀行）の自己資本比率規制が相当する。

第3の検査・考査・モニタリングは，監督官庁（金融庁）や日本銀行が，個別金融機関の経営の安全性を確保するためのものである。

競争制限的規制は，いずれも既存の銀行システムの保護と収益の安定を目的としたものであった。この他に，わが国の銀行行政では，様々な通達や指導・助言などが施されていた。いずれのタイプの規制が主に施されてきたかという視点でこれまでのわが国の規制を評価すれば，事前的な対応にウエイトを置いた規制体系であったと考えられている。

(2) 事後的規制

セイフティーネットは，銀行の経営にともなう様々なリスクをどのように公的部門が負担するかをあらかじめ決めておくルールであり，銀行のステークホルダーである預金者と債権者を保護する仕組みである。ときに，セイフティーネットの存在によって預金者が銀行を監視するインセンティブが薄れ，ひいては市場規律が弱められる可能性が生じてくる。銀行取り付けの予防効果が期待されるものの，セイフティーネットは，市場規律を緩め銀行のモラルハザードを惹起する。さらに，預金者保護の名目で，多大な公的資金（税金）の負担が

生じることが予想される。ただし，わが国では，これまで銀行の経営破綻は，倒産する以前に吸収や合併という形で処理され，セイフティーネットの経済的コストは，ほとんど現実的な問題とはみなされなかった。

わが国では，事後的規制としてのセイフティーネットに，①日本銀行による最後の貸し手機能（LLR, Lender of Last Resort)」と，②「預金保険制度（Deposit Insurance)」がある。

前者は，流動性不足に陥った銀行，あるいは，経営破綻した銀行のショックが金融システムの危機にまで及ぶと考えられるときには，法貨を発行できる権限がある中央銀行の貸出（特別融資）が，公的な救済の手段としてなされることである。後者は，政府（預金保険機構）によって，銀行倒産時の預金債務の支払保証が行われることを指す。それとともに，公的機関が預金者に代わって銀行経営を監視する，代理モニタリング（Delegated Monitoring）の機能が期待される。預金保険制度の存在が預金者の預金払い戻しに対して政府保証を与えることによって，預金は銀行の経営状態のいかんにかかわらず安全資産としての性格を付与されたことになり，確実に元本保証がなされるものとみなされていた。

競争による効率性と金融システムの安全性というトレードオフ関係の維持が課題になる金融規制は，事前的規制の比率を下げ，事前的規制のうちでもバランスシート規制に比重を移しており，今後は，銀行の活動の自由と自己責任並びに情報開示を重視した，市場補完的な内容に変化していく方向にあると考えられる。「早期是正措置」として，1998年から，経営内容の悪い金融機関に監督官庁が，業務停止命令などが出せるようになった。

これらわが国の規制体系は次第に撤廃されてきた。1980年代の金融自由化・規制緩和の潮流のもと，各種の金融資本市場の整備が行われ，1994年の流動性預金金利の自由化で，すべての自由化措置が終了した。

第2節　預金保険制度

　一般に，銀行預金者のうちとりわけ小口の預金者は，個々の銀行の経営状態を正確に評価する能力を欠く，情報劣位者と考えられる。預金者が，預金を保有する銀行の財務状況に関して，情報を収集したり分析したりすることは，情報の非対称性問題が不可避的に介在しているため，技術的かつ費用的に難しい。現在の主要先進国では，先に第10章で学んだように，部分準備預金制度により運営され，預金のほとんどは貸出や債券投資に回されていて，ごくわずかの部分だけが支払い準備として保有されているに過ぎない。したがって，本来支払能力が充分にある銀行でも，もし万一預金者が一斉に預金引出しに走れば，たちまち支払い不能状態に追い込まれる可能性がある。

　国内の金融機関が加入しているわが国の預金保険制度（Deposit Insurance）は，アメリカの制度をモデルに，1971年に設立されたもので，政府，日本銀行ならびに民間金融機関の出資によって設立された預金保険機構が運営する。

　この制度は，民間銀行が公的な預金保険制度に加入している銀行が倒産した際，預金保険機構が，預金者に対して一定限度内で預金の払い戻しを保証するもので，銀行破綻を未然に防ぐ働きがある。預金保険制度は，預金者の預金払い戻しに対して政府保証を与えるものであり，これによって，小口預金は銀行の経営状態のいかんにかかわらず安全資産としての性格を付与されたことになり，確実に払い戻しがなされるものとみなされていた。預金保険制度は，事後的規制として重要な役割を果たしているものと考えられる。

　バブル崩壊以降の1990年代，銀行をはじめとする金融機関の経営破綻が現実のものとなったわが国では，銀行預金の安全性に関心が集まり，預金者に対して，預金払戻し（ペイオフ）を行う預金保険制度の在り方が論じられるようになった。

　預金保険制度による預金者保護には，①預金者への保険金の支払いおよび預

金など債権の買い取りと、②（合併や営業譲渡などで）破綻金融機関の受け皿となる金融機関が預金を引き継ぐときの救済金融機関への資金援助、の2つがある。これらによって預金の払戻しが行われたり、金融機関の決済サービスが継続される。資金援助はこれまで多数実行されてきたが、金融機関が破綻したとき預金者への保険金の支払いであるペイオフは、2010年に経営破綻した日本振興銀行に対して初めて実施された。

　預金保険制度は、銀行が支払う保険料で運営されている。この預金保険料は、預金保険機構が預金の払戻しや資金援助を実施する際に元手となる原資であり、1996年度における保険料率の引き上げ改定の後、保険料率は、0.084%に引き上げられている。

　預金保険機構は、2015年3月、預金保険料率の実行料率を0.084%から0.042%に引き下げた。保険料率の引き下げは1971年の制度創設以来初めてで、90年代の金融危機を克服して、日本の金融システムが安定を取り戻した象徴となる。バブル崩壊後の1995年まで0.012%だった預金保険料率は、住専の処理などから発生した金融危機を受け、1996年度に0.084%まで引き上げられていた。その後も1997年の北海道拓殖銀行や98年の日本債券信用銀行、日本長期信用銀行など大型の金融破綻が相次いだ。

　都市銀行が3メガバンク体制になるなど金融再編が進み、日本の金融システムは安定に向かった。2008年のリーマン・ショックにおいても幸い国内で金融機関の大型破綻は発生せず、2010年の日本振興銀行の経営破綻が最後となっている。

　わが国のセイフティーネットは、銀行の清算よりも、倒産を避けて他の銀行の合併や支援をあおぐという事後的な処理方法が主であったのであり、そうした枠組みの中で預金保険制度が位置付けられていたといってよい。

　ここで注意しておきたいことは、セーフティーネットとしての預金保険制度が、預金者のパニック的行動を防止する作用が期待される半面、銀行のリスクテイクを拡大するモラルハザードを招く副作用があることである。とりわけ大手銀行はその規模が大きすぎて、一度経営破綻した場合に金融システムの機能不全を招き市場全体に与える影響が大きすぎて潰せない（これをTBTF, Too

Big to Fail という）と金融監督当局が考えることになり，経営が非効率な銀行を残すことにつながる可能性がある。

第3節　自己資本比率規制

　銀行の自己資本は，自己資本の劣化や様々なリスクに対するバッファーであるが，銀行は他の産業とは異なり，自己資本比率がとりわけ低いという特徴をもっている。そして，債権者が多数の小口預金者から構成されるというバランスシート（財務）構造を有している。こうした特徴をもつ銀行の財務構造に対する規制にBIS（国際決済銀行）の自己資本比率規制がある。

　この規制の目的は，銀行の自己資本（純資産）を一定水準に維持することを通じて，銀行経営の健全化や安定性を確保することにあり，1988年7月に，国際決済銀行のバーゼル銀行監督委員会で合意されたものである。この「バーゼルⅠ」は，国際的な銀行システムの健全性を強化することと，国際業務に携わる銀行同士の競争上の不平等を軽減することを目的としたものであり，これにより，銀行の自己資本比率の測定方法や，達成すべき最低水準（8％以上）が定められた。わが国では，1992年から本格的に適用された。

　現在，銀行の自己資本を分子，資産を分母とする自己資本比率に対する規制により，国内業務の金融機関は4％以上の自己資本比率を，国際業務を営む銀行は8％以上の自己資本比率を，それぞれ保有する義務がある。その後，銀行の抱えるリスクの大きさ（自己資本比率の分母に当たる資産（アセット））をより精緻なものとするべく，1998年からバーゼルⅠの抜本的な見直しが開始され，2004年6月に新BIS規制である「バーゼルⅡ」が公表された。日本では，2007年3月末から適用された。自己資本比率規制の概要は，以下のようである。

　バーゼル規制では，銀行の経営健全性を示す自己資本比率は，

$$\text{自己資本比率} = \frac{\text{自己資本}}{\text{リスクアセット}} \geq 8\%$$

と表され,分子と分母は,それぞれ次のように定義される。

分子＝Tier Ⅰ（資本の部）＋Tier Ⅱ（劣後ローン,有価証券含み益など）

分母＝リスクアセット（信用リスクに応じたウエイトを掛けて合計した総資産額）

リスクアセット＝信用リスク
＝（国債など×0%）＋（銀行向け与信×20%）
　　＋（住宅ローン×50%）＋（企業向け与信×100%）

ここで,中核的自己資本（Tier Ⅰ）は優先株,優先出資証券などを含み銀行の自己資本の中核となる資本として,返済義務のない普通株や剰余金などから構成される。このうち,優先株などを除いたものがコア（狭義 Tier Ⅰ）である。このほかに,劣後ローンや劣後債,株式含み益なども資本として認められるのが補完的資本（Tier Ⅱ）である。この補完的項目は,中核的自己資本の額までしか資本に参入できない。

「バーゼルⅡ」では,自己資本比率の定義を与える分母に新しくオペレーショナルリスクが加えられ,これらの規定の下での自己資本比率が,8%以上であることが求められるようになった。

しかし,2007年8月のサブプライム危機の経験から,Tier Ⅰの自己資本の質が不十分であることや,自己資本比率規制で個々の銀行は安定したものの,金融システム全体は脆弱なままであったとの認識が高まり,バーゼルⅡの大幅な見直しがなされてきた。新BIS規制では,従前の規制に加えて,格付けをはじめとする企業の信用力に応じて,銀行が融資額等の管理を徹底するように融資の質の向上を求めている。

現在提案されている新自己資本規制「バーゼルⅢ」は,金融危機の再発防止を目指して国際金融システムのリスク耐性を高める観点から,国際的な金融規制の見直しに向けた検討が行われた結果合意が成立したもので,大手金融機関に対してより強固な財務体質を求める新しいルールである。金融危機の経験を踏まえ,自己資本比率規制が厳格化され,さらに,定量的な流動性規制や,過大なリスクテイクを抑制するためのレバレッジ比率が,新たに導入される予定

である。普通株と内部留保から構成する「狭義の中核的自己資本」という概念が提示され，主要な銀行は，2013年までに，資産（分母）に対して狭義の中核的自己資本を7％にまで引き上げないとならなかった。これを受けて，わが国の銀行は，増資によって財務体質を強化することや，持ち合いしている株式などのリスク資産を圧縮している。この「バーゼルⅢ」は，世界各国において2013年から段階的にスタートし，最終的には，2019年から完全に実施される予定である。

　自己資本規制は上記のように規定されるものであるが，一方で次のような欠陥がある。すなわち，金融危機が発生すれば金融機関は分子の自己資本が縮小するため，自己資本比率を維持するには分母にある総資産を小さくするのにレバレッジを解消しようとする。そうすると，リスクウエイトの高い民間への融資（貸出）が減少し，貸し渋り（クレジットクランチ，信用収縮）が実態経済にダメージを与えることになる。

　このように，BISの自己資本比率規制には，好況の時期には銀行貸出を増加させて景気の過熱を招き，不況期には貸し渋りを起こして景気を悪化させるという，「プロシクリカリティー（景気循環の増幅効果）」が発生する。銀行貸出に対する規制に望まれるのは，これとは逆の，「カウンターシクリカリティー（景気循環の抑制効果）」であろう。

　金融危機に対しての規制では，個別の金融機関に対するミクロのプルーデンス政策とともに，次節で考察する，金融システム全体の安定性を維持することにつながるマクロプルーデンス政策が注目されている。

第4節　マクロプルーデンス政策

　近年の銀行規制に対する考え方では，プルーデンス政策を2つに分けて考察している。

　1つは，本章でこれまでに考察してきたミクロのプルーデンス政策である。

もう1つは,「マクロプルーデンス政策」である。マクロプルーデンス政策は,サブプライムローン問題以降,一国全体のシステミックリスクを回避することを目的として提示されてきたものであり,金融システム全体のリスクを管理することを通じて安定を図るものである。言い換えれば,金融システムの安定化のため,個別の銀行のリスクだけではなく,金融システム全体が抱えるリスクを規制したり監督したりするという考え方をいう。

従来の規制監督政策は,個々の銀行の健全性保護により預金者保護を目的としていた,いわばミクロの視点に基づくものであった。換言すれば,マクロプルーデンスとは,金融システム全体の安定を確保するため,実体経済と金融資本市場,金融機関行動などの相互連関に留意しながら,金融システム全体のリスクの動向を分析・評価し,それに基づいて制度設計・政策対応を図るという考え方である。

リーマン・ショックによるグローバル金融危機を未然に防止することができなかった理由に,このマクロプルーデンス政策の欠如や,先に指摘した自己資本比率規制のプロシクリカリティー（景気循環の増幅効果），さらに,非銀行部門への不十分な監督などが指摘されてきており,世界的に金融規制の再構築が進行中である。また,規制だけでなく,利益相反や市場インフラの未整備（CDS市場の取引所や清算機関の欠如など）なども指摘できよう。

今回の金融危機では,株価の下落,証券化商品の格付けの信頼性への疑問,市場の流動性枯渇,金融機関の自己資本不足と財務状況の悪化など,重大な問題がいくつも発生した。これを受けて2010年7月に,アメリカで金融規制改革法案（ドッド・フランク法）が成立するなど,国際的な金融監督の強化に関して,G20やFSB（金融安定理事会）などで議論が行われた。

補　　論

　補論では，本書で扱ったテーマに関連する上級レベルの金融論を学んでいくのに必要とされる参考文献を提示しておくので，適宜参照して欲しい。

[1]　金融論全般
　池尾和人編（2004）『入門金融論』（ダイヤモンド社）。
　内田浩史（2016）『金融』（有斐閣）。
　清水克俊（2016）『金融経済学』（東京大学出版会）。
　大野早苗・小川英治・地主敏樹・永田邦和・藤原秀男・三隅隆司・安田行宏
　　　　（2007）『金融論』（有斐閣）。
　黒田晁生（2011）『入門金融（第5版）』（東洋経済新報社）。
　藤木裕（2016）『入門テキスト金融の基礎』（東洋経済新報社）。
　古川顕（2002）『現代の金融（第2版）』（東洋経済新報社）。
　細野薫・石原秀彦・渡辺和孝（2009）『グラフィック金融論』（新世社）。
　館龍一郎・浜田宏一（1972）『金融』（岩波書店）。
　堀内昭義（1990）『金融論』（東京大学出版会）。
　酒井良清・鹿野嘉昭（2011）『金融システム（第4版）』（有斐閣）。
　堀内昭義・岩田規久男（1983）『金融』（東洋経済新報社）。
　日本銀行ホームページ〈www.boj.or.jp〉

[2]　日本の金融制度
　鹿野嘉昭（2006）『日本の金融制度（第2版)』（東洋経済新報社）。
　島村高嘉・中島真志（2016）『金融読本（第30版）』（東洋経済新報社）。
　寺西重郎（1982）『日本の経済発展と金融』（岩波書店）。
　寺西重郎（2011）『戦前期日本の金融システム』（岩波書店）。
　日本銀行金融研究所（1995）『新版わが国の金融制度』（日本信用調査株式会社）。

[3] 決済システム

中島真志・宿輪純一（2009）『決済システムのすべて（第2版）』（東洋経済新報社）。

中島真志・宿輪純一（2008）『証券決済システムのすべて（第2版）』（東洋経済新報社）。

[4] 金融取引と銀行行動，証券化

池尾和人編（2006）『市場型間接金融の経済分析』（日本評論社）。

大橋和彦（2009）『証券化の知識（第2版）』（日本経済新聞社）。

黒沢義孝（1999）『〈格付け〉の経済学』（PHP研究所）。

酒井良清・前多康男（2003）『新しい金融理論』（有斐閣）。

酒井良清・前多康男（2004）『金融システムの経済学』（東洋経済新報社）。

全国銀行協会（2010）『図説わが国の銀行 2010』（財経詳報社）。

日本銀行（2001）『入門資金循環』（東洋経済新報社）。

[5] 外国為替市場

国際通貨研究所編（2012）『外国為替の知識（第3版）』（日本経済新聞社）。

清水順子・大野早苗・松原聖・川崎健太郎（2016）『徹底解説国際金融論』（日本評論社）。

高木信二（2010）『入門国際金融（第4版）』（日本評論社）。

橋本優子・小川英治・熊本方雄（2007）『国際金融論をつかむ』（有斐閣）。

深尾光洋（2010）『国際金融論講義』（日本経済新聞社）。

[6] 金融市場

小林孝雄・芹田敏夫他（2009）『新・証券投資論 I, II』（日本経済新聞社）。

高橋文郎編『新・証券市場 2009』（中央経済社）。

東京証券取引所編（2010）『東証要覧 2010』。

東短リサーチ編（2009）『東京マネーマーケット（第7版）』（有斐閣）。

西村清彦・三輪芳朗編（1990）『日本の株価・地価』（東京大学出版会）。

筒井義郎・平山健二郎（2009）『日本の株価』（日本経済新聞社）。

米沢康博（1995）『株式市場の経済学』（日本経済新聞社）。

米澤康博編（2006）『証券市場読本（第2版）』（東洋経済新報社）。

三菱東京UFJ銀行円貨資金証券部（2012）『国債のすべて』（きんざい）。

日本証券経済研究所（2016）『図説日本の証券市場』（日本証券経済研究所）。

[7] デリバティブ（金融派生商品）

刈屋武昭（2000）『金融工学とは何か』（岩波書店）。
久保田敬一（1988）『オプションと先物』（東洋経済新報社）。
齋藤誠（2000）『金融技術の考え方・使い方』（有斐閣）。
杉本浩一・福島良治・若林公子（2002）『スワップ取引のすべて（改訂版）』（金融財政事情研究会）。
ジョン．C. ハル（三菱UFJ証券市場商品本部訳）（2016）『フィナンシャルエンジニアリング』（きんざい）。
ジョン．C. ハル（小林孝雄監訳）（2001）『先物・オプション取引入門』（ピアソン・エデュケーション）。

[8] 金融政策

植田和男（2005）『ゼロ金利との闘い』（日本経済新聞社）。
翁邦夫（1993）『金融政策』（東洋経済新報社）。
翁邦夫（2011）『ポストマネタリズムの金融政策』（東洋経済新報社）。
翁邦夫（2013）『金融政策のフロンティア』（日本評論社）。
翁邦夫（2016）『日本銀行』（ちくま新書）。
酒井良清・榊原健一・鹿野嘉昭（2004）『金融政策（改訂版）』（有斐閣）。
田中隆之（2008）『「失われた十五年」と金融政策』（日本経済新聞社）。
白川方明（2009）『現代の金融政策』（日本経済新聞社）。
日本銀行金融研究所編（2011）『日本銀行の機能と業務』（有斐閣）。
日本経済研究センター編（2016）『激論マイナス金利政策』（日本経済新聞社）。
宮尾龍蔵（2016）『非伝統的金融政策』（有斐閣）。

[9] 金融規制

翁百合（2010）『金融危機とプルーデンス政策』（日本経済新聞社）。
翁百合（2014）『不安定化する国際金融システム』（NTT出版）。
M. ドワトリポン・J. ティロル（北村行伸・渡辺努訳）（1996）『銀行規制の新潮流』（東洋経済新報社）。
佐藤隆文（2009）『金融行政の座標軸』（東洋経済新報社）。
宮内惇至（2015）『金融危機とバーゼル規制の経済学』（勁草書房）。

[10] 企業金融・ファイナンス論

本書で扱わなかったテーマの企業金融論やファイナンス論を解説するものとして，下記の文献を参照されたい。

新井富雄他（2016）『コーポレート・ファイナンス』（中央経済社）。
岩田規久男・小宮隆太郎（1973）『企業金融の理論』（日本経済新聞社）。
井出正介・高橋文郎（2006）『ビジネスゼミナール企業財務入門』（日本経済新聞社）。
花枝英樹（2005）『企業財務入門』（白桃書房）。
米澤康博・小西大・芹田敏夫（2004）『新しい企業金融』（有斐閣）。
齋藤誠（2000）『金融技術の考え方・使い方』（有斐閣）。
R. ブリーリー・S. マイヤーズ・F. アレン（藤井真理子・國枝繁樹監訳）（2015）『コーポレート・ファイナンス（第10版）（上・下）』（日経BP社）。
Z. ボディ・R. マートン（2001）『現代ファイナンス論』（ピアソン・エデュケーション）。

和文索引

(あ行)

アービトラージ……………………………121
IS＝LM曲線………………………………189
IS＝LM分析…………………………162,189
IS曲線………………………………………189
アウト・オブ・ザ・マネー……………131
アウトライト取引…………………………78
揚超…………………………………………146
アセットアプローチ………………………80
アット・ザ・マネー……………………131
アナウンスメント効果…………………187
アノマリー…………………………………103
アメリカン・オプション………………130
アンカバーの金利平価……………………85
アンダーライター…………………………33

イールドカーブ…………………………115
イールドカーブ・コントロール………198
イールドスプレッド………………………36
委託介入……………………………………88
委託された監視者…………………………58
一般公募増資……………………………101
一般的受容性………………………………4
一般的な交換手段（交換の媒介）………4
イン・ザ・マネー………………………131
インターバンク市場………………………66
インデクセーション……………………167
インフレーション………………………165
インフレーションのコスト……………167
インフレ課税……………………………170
インフレ調整減税………………………168

ウィーク・フォーム………………………39
売りオペレーション（売りオペ）……185
売り現先……………………………………69

永久債………………………………………156
エクイティ・ファイナンス………………99
NT倍率……………………………………104
LM曲線………………………………162,189
円キャリー…………………………………83

(か行)

オークン係数……………………………176
オークン法則……………………………175
オーバーシュート型コミットメント…199
オーバーボローイング……………………50
オーバーローン……………………50,145
オープン市場………………………………68
オープンマーケットオペレーション…185
オファー・レート…………………136,137
オプション………………………………127
オプションプレミアム……………127,131
オリジネーター……………………………61

(か行)

買いオペレーション（買いオペ）……185
外貨準備…………………………48,88,146
外貨建てレート……………………………76
買い現先……………………………………69
外国為替……………………………………75
外国為替円決済制度………………………24
外国為替資金特別会計……………………86
外国為替市場………………………………77
外国為替証券………………………………70
外国為替相場………………………………75
外為決済リスク……………………………24
介入政策（平衡操作）……………86,146
外部貨幣……………………………………9
乖離率………………………………………97
カウンターパーティーリスク…………137
格付け………………………………………36
貸し渋り…………………………………177
貸出市場……………………………………56
貸出政策…………………………………187
仮想通貨……………………………………15
価値尺度（計算単位）……………………6
価値尺度財…………………………………6
価値の保蔵手段……………………………6
カバードコール…………………………134
カバーなしの金利平価……………………85
株価収益率………………………………105
株価純資産倍率…………………………106
株式…………………………………………99
株式益回り………………………………105

株式購入権　　　　　　　98
株式投資収益率　　　　　106
株式の含み益　　　　　　178
株式分割　　　　　　　　101
株主資本利益率　　　　　106
株主総会議決権　　　　　 99
株主割当増資　　　　　　101
貨幣（信用）乗数　　　　150
貨幣錯覚　　　　　　　　174
貨幣乗数　　　　　　　　150
貨幣数量説　　　　　　　157
貨幣の中立性　　　　　　157
貨幣の超中立性　　　　　169
貨幣の流通速度　　　　　157
空売り　　　　　　　　　126
為替　　　　　　　　　　 75
為替予約　　　　　　78,122
為替リスク　　　　　　　202
監視　　　　　　　　　　 43
間接金融　　　　　　　　 41
間接金融優位　　　　　46,50
間接証券　　　　　　　　 41
管理通貨制度　　　　　9,11

キーカレンシー　　　　　 76
企業統治　　　　　　　32,49
基軸通貨　　　　　　　　 76
基準貸付金利　　　　　　188
基準相場　　　　　　　　 76
基準割引率および基準貸付金利　188
基礎的財政収支　　　　　 93
期待インフレの効果　　　169
期待インフレ率　　　　　168
逆イールド　　　　　　　115
逆選択　　　　　　　　　 57
キャッシュアンドキャリー　126
キャピタル・ロス　　　　159
キャリートレード　　　　 83
強制通用力　　　　　　　 11
競争制限的規制　　　　　205
競争制限的規制体系　　　 50
協調介入　　　　　　　　 88
協調融資　　　　　　　　 53
共通担保オペレーション　188
業務純益　　　　　　　　178
業務分野規制　　　　　　205
銀行型金融システム　　　 51

銀行間市場　　　　　　　 66
銀行間相場　　　　　　　 76
銀行券要因　　　　　　　153
銀行券ルール　　　　　　186
銀行取り付け　　　　　　203
金属主義　　　　　　　　 9
金平価　　　　　　　　　 10
金本位制度　　　　　　9,10
金融債　　　　　　　　　 96
金融資産負債残高表　　　 45
金融調節　　　　　　　　145
金融取引表　　　　　　　 45
金融派生商品　　　　　　121
金融連関比率　　　　　　 47
金利　　　　　　　　　　107
　──の期間構造　　　　115
金利オプション　　　　　134
金利裁定　　　　　　　　 83
金利スワップ　　　　　　135
金利平価　　　　　　　　 82
金利リスク　　　　　　　202

クラウディング・アウト効果　193
クリーピングインフレーション　166
クレジットカード　　　　 13
クレジットクランチ　　　177
クレジット・デフォルト・スワップ　 38
クレジットデリバティブ　 38
グレシャム法則　　　　　 10
グロス決済システム　　　 19
クロスレート　　　　　　 77

景気循環の増幅効果　　　212
決済専門銀行　　　　　　 52
決済リスク　　　　　　　 19
減価　　　　　　　　　　 76
現金担保付債券貸借取引　 72
限月　　　　　　　　　　123
現先市場　　　　　　　　 69
原資産　　　　　　　　　127
健全経営規制　　　　　　205
現物価格　　　　　　　　122
ケンブリッジの現金残高方程式　157
権利行使価格　　　　　　127

公開市場操作　　　　　　185
交換尻　　　　　　　　　 22

和文索引 221

広義流動性 …………………… 140
公債の貨幣化 ………………… 171
公定歩合 ………………… 114,187
後配株 ………………………… 99
購買力平価説 …………………… 81
効率的市場仮設 ………………… 39
合理的期待形成仮説 ………… 175
コーポレートガバナンス …… 32,49
コール・オプション ……… 98,129
コール市場 …………………… 67
国債 …………………………… 91
告知効果 ……………………… 187
国富 ………………………… 45,48
国民貸借対照表 ………………… 45
コスト効果 …………………… 187
コストプッシュ・インフレーション … 165,166
護送船団方式 ………………… 50
古典派の二分法 ……………… 157
コマーシャルペーパー ………… 71
コミットメントライン契約 …… 53
コンソル債券 ………………… 156

(さ 行)

債券・手形オペレーション … 185
最後の貸し手機能 …………… 207
在庫理論アプローチ ………… 160
財政等要因 …………………… 153
裁定 …………………………… 121
財投債 ………………………… 91
財務省証券 …………………… 70
財務制限条項 ………………… 96
最優遇貸出金利 ……………… 112
差額決済 ……………………… 137
先物 …………………………… 123
先物価格 ……………………… 122
先物カバー付きの金利平価 …… 83
先渡し ………………………… 123
先渡し価格 …………………… 122
先渡しレート ………………… 78
差金決済 ……………………… 123
指し値注文 …………………… 101
散超 …………………………… 146
残余財産分配請求権 …………… 99

CD 市場 ……………………… 62
GDP ギャップ ……………… 191
シーニョレッジ ……………… 170

時価会計方式 ………………… 179
時間価値 ……………………… 133
時間軸効果 ……………… 118,196
直物スプレッド ………………… 84
直物相場 ……………………… 78
事業債 ………………………… 94
資金過不足 ……………… 152,153
資金吸収オペレーション … 145,186
資金供給オペレーション … 145,185
資金決済システム …………… 20
資金需給実績 ………………… 152
資金循環勘定 ………………… 44
資金循環表 …………………… 44
資金偏在 ……………………… 50
シグナル ……………………… 43
自己資本比率規制 …………… 210
事後的規制 …………………… 206
資産効果 ……………………… 193
資産選択理論 ………………… 155
資産担保証券 ………………… 62
資産変換機能 ………………… 41
自社株買い …………………… 101
市場型間接金融 ……………… 59
市場型金融システム ………… 51
市場集中の原則 ……………… 100
市場分断仮説 ………………… 119
市場リスク …………………… 202
システミックリスク ……… 26,204
私設取引 ……………………… 100
自然失業率 …………………… 173
自然失業率仮説 ……………… 174
事前的規制 …………………… 205
実効為替レート ……………… 78
実質金利 ……………………… 168
時点決済システム …………… 20
支払完了性 …………………… 7,19
資本市場 ……………………… 65
借換債 ………………………… 91
ジャパンプレミアム ………… 202
種類株 ………………………… 99
順イールド …………………… 115
純粋期待仮説 ………………… 116
準通貨 ………………………… 141
準備預金制度 ………………… 147
準備率操作 …………………… 186
商業銀行 ……………………… 51
証券化 ………………………… 60

証券決済システム……………………20
条件付き請求権………………121,128
証拠金………………………………123
上場オプション……………………127
譲渡性預金市場………………………70
情報生産………………………………43
情報の非対称性………………………31
情報の非対称性問題………………203
食糧証券………………………………70
所得効果……………………………169
新株引受権付き社債…………………98
新規株式公開…………………34,101
新規財源債……………………………91
シンジケートローン…………………53
新短期プライムレート……………113
新長期プライムレート……………113
信用創造………………………147,148
信用秩序維持政策…………………205
信用秩序の維持……………203,204
信用取引……………………………101
信用リスク…………………………202
信用力格差…………………………136
信用割当………………………………57

ストック・オプション………………98
ストック統計………………………139
ストロング・フォーム………………39
スペキュレーション………………121
スポットレート………………78,111
スワップ……………………………135
スワップション……………………134
スワップ取引…………………………78
スワップレート……………………136

政策(最終)目標……………………184
政策手段……………………………184
政府短期証券…………………………70
セイフティーネット………206,209
セキュリタイゼーション……………60
絶対的購買力平価説…………………81
セミストロング・フォーム…………39
ゼロ金利政策………………………195
ゼロサムゲーム……………………128
全銀システム…………………………22
全国銀行内国為替制度………………22
選択的信用規制……………………188

増価……………………………………76
早期是正措置………………………207
操作目標……………………………184
総需要管理政策……………………181
相対的購買力平価説…………………81
想定元本……………………………136
即時グロス決済…………………27,28
即時決済システム……………………20
ソブリン格付け………………………37

(た 行)

対顧客相場……………………………76
対顧客電信売り相場…………………76
対顧客電信買い相場…………………76
第三者割当増資……………………101
代理モニタリング…………………207
兌換紙幣………………………………10
建玉…………………………………128
建値……………………………………76
短期金融市場…………………………65
短期国債………………………………71
短期国庫証券…………………………71
短期プライムレート(短プラ)……113
単利…………………………………109

中間目標……………………………184
中立性命題…………………………194
超過準備……………………………188
長期金融市場…………………………65
長期フィリップス曲線……………175
長期プライムレート(長プラ)…96,113
長短金利操作付き量的・質的金融緩和……198
長短分離規制…………………………43
直接金融………………………………32

ツイスト・オペレーション………120
通貨オプション……………………134
通貨先物……………………………122
通貨スワップ………………………135
通貨増発による利益………………170
通貨代替………………………………12
通貨の金融的流通……………………45
通貨の産業的流通……………………45
通貨発行益…………………………172

ディーラー……………………………34
ディスインフレーション…………166

ディマンドプル・インフレーション ‥‥ 165, 166
ティンバーゲンの定理 ‥‥‥‥‥‥‥‥‥ 183
手形交換制度 ‥‥‥‥‥‥‥‥‥‥‥‥‥ 21
手形市場 ‥‥‥‥‥‥‥‥‥‥‥‥‥‥‥ 68
適債基準 ‥‥‥‥‥‥‥‥‥‥‥‥‥ 37, 96
デット・ファイナンス ‥‥‥‥‥‥‥‥‥ 99
デビットカード ‥‥‥‥‥‥‥‥‥‥‥‥ 13
デフォルトリスク ‥‥‥‥‥‥‥‥‥‥ 202
デフレーション ‥‥‥‥‥‥‥‥‥‥‥ 166
デフレギャップ ‥‥‥‥‥‥‥‥‥‥‥ 181
デリバティブ ‥‥‥‥‥‥‥‥‥‥‥‥ 121
転換価値 ‥‥‥‥‥‥‥‥‥‥‥‥‥‥ 97
転換社債 ‥‥‥‥‥‥‥‥‥‥‥‥‥‥ 97
転換比率 ‥‥‥‥‥‥‥‥‥‥‥‥‥‥ 97
天候デリバティブ ‥‥‥‥‥‥‥‥‥‥ 135
電子マネー ‥‥‥‥‥‥‥‥‥‥‥‥‥ 14
店頭オプション ‥‥‥‥‥‥‥‥‥‥‥ 127
店頭市場 ‥‥‥‥‥‥‥‥‥‥‥‥‥‥ 35

投機 ‥‥‥‥‥‥‥‥‥‥‥‥‥‥‥‥ 121
投機的動機 ‥‥‥‥‥‥‥‥‥‥‥‥‥ 159
東京銀行間取引金利 ‥‥‥‥‥‥‥‥‥ 113
投資銀行 ‥‥‥‥‥‥‥‥‥‥‥‥‥‥ 52
東証株価指数 ‥‥‥‥‥‥‥‥‥‥‥‥ 103
特定期間選好仮説 ‥‥‥‥‥‥‥‥‥‥ 120
特別目的会社 ‥‥‥‥‥‥‥‥‥‥‥‥ 61
ドッド・フランク法 ‥‥‥‥‥‥‥‥‥ 213
富効果 ‥‥‥‥‥‥‥‥‥‥‥‥‥‥‥ 193
取引所市場 ‥‥‥‥‥‥‥‥‥‥‥‥‥ 35
取引動機 ‥‥‥‥‥‥‥‥‥‥‥‥‥‥ 158
ドル化 ‥‥‥‥‥‥‥‥‥‥‥‥‥‥‥ 12
ドルキャリー ‥‥‥‥‥‥‥‥‥‥‥‥ 83

（な 行）

内外市場分断規制 ‥‥‥‥‥‥‥‥‥‥ 206
内国為替決済制度 ‥‥‥‥‥‥‥‥‥‥ 22
内在的価値 ‥‥‥‥‥‥‥‥‥‥‥‥‥ 131
内部貨幣 ‥‥‥‥‥‥‥‥‥‥‥‥‥‥ 8
成り行き注文 ‥‥‥‥‥‥‥‥‥‥‥‥ 101

ニクソン・ショック ‥‥‥‥‥‥‥‥‥ 11
2段階アプローチ ‥‥‥‥‥‥‥‥‥‥ 184
日本銀行当座預金 ‥‥‥‥‥‥‥‥‥‥ 143
日本銀行ネット ‥‥‥‥‥‥‥‥‥‥‥ 24
日経平均株価（日経225） ‥‥‥‥‥‥ 103
日本銀行金融ネットワークシステム ‥‥ 24
日本取引所グループ ‥‥‥‥‥‥‥‥‥ 100

日本版ビックバン ‥‥‥‥‥‥‥‥‥‥ 51
ニュース分析 ‥‥‥‥‥‥‥‥‥‥‥‥ 79
ニューメレール ‥‥‥‥‥‥‥‥‥‥‥ 6

値洗い ‥‥‥‥‥‥‥‥‥‥‥‥‥‥‥ 123
ネッティング ‥‥‥‥‥‥‥‥‥‥‥‥ 137
ネット銀行 ‥‥‥‥‥‥‥‥‥‥‥‥‥ 52
ネット決済システム ‥‥‥‥‥‥‥‥‥ 19

（は 行）

バーゼルⅠ ‥‥‥‥‥‥‥‥‥‥‥‥‥ 210
バーゼルⅡ ‥‥‥‥‥‥‥‥‥‥‥‥‥ 210
バーゼルⅢ ‥‥‥‥‥‥‥‥‥‥‥‥‥ 211
配当性向 ‥‥‥‥‥‥‥‥‥‥‥‥‥‥ 105
配当利回り ‥‥‥‥‥‥‥‥‥‥‥‥‥ 104
ハイパーインフレーション ‥‥‥‥‥‥ 166
ハイパワード・マネー ‥‥‥‥‥‥‥‥ 141
派生の預金 ‥‥‥‥‥‥‥‥‥‥‥‥‥ 149
発行市場 ‥‥‥‥‥‥‥‥‥‥‥‥‥‥ 34
払い超 ‥‥‥‥‥‥‥‥‥‥‥‥‥‥‥ 146
バランスシート規制 ‥‥‥‥‥‥‥‥‥ 205
バランスシート調整 ‥‥‥‥‥‥‥‥‥ 177
パリティー価格 ‥‥‥‥‥‥‥‥‥‥‥ 97
比較優位 ‥‥‥‥‥‥‥‥‥‥‥‥‥‥ 138
非自発的失業 ‥‥‥‥‥‥‥‥‥‥‥‥ 191
ビッド・レート ‥‥‥‥‥‥‥‥ 136, 137
必要（所要，法定）準備 ‥‥‥‥‥‥‥ 148
非伝統的金融政策 ‥‥‥‥‥‥‥‥‥‥ 194

ファイナリティー ‥‥‥‥‥‥‥‥‥‥ 7
フィッシャー関係式 ‥‥‥‥‥‥‥‥‥ 168
フィッシャー効果 ‥‥‥‥‥‥‥‥‥‥ 168
フィッシャーの交換方程式 ‥‥‥‥‥‥ 157
フィナンシャルディスインターミディエーション ‥‥‥‥‥‥‥‥‥‥‥‥‥‥‥‥‥‥ 60
フィリップス曲線 ‥‥‥‥‥‥‥‥‥‥ 172
フォワード ‥‥‥‥‥‥‥‥‥‥‥‥‥ 123
フォワードレート ‥‥‥‥‥‥‥‥‥‥ 78
不換紙幣 ‥‥‥‥‥‥‥‥‥‥‥‥‥‥ 11
複利 ‥‥‥‥‥‥‥‥‥‥‥‥‥‥‥‥ 109
不胎化介入 ‥‥‥‥‥‥‥‥‥‥‥‥‥ 87
普通株 ‥‥‥‥‥‥‥‥‥‥‥‥‥‥‥ 99
普通社債 ‥‥‥‥‥‥‥‥‥‥‥‥‥‥ 94
物価版フィリップス曲線 ‥‥‥‥‥‥‥ 173
物価連動債 ‥‥‥‥‥‥‥‥‥‥‥‥‥ 92
プット・オプション ‥‥‥‥‥‥‥‥‥ 130

部分後積み方式……………………147
部分準備預金制度…………………148
フューチャーズ……………………123
プライマリーバランス………………93
プライムレート……………………112
不良債権問題………………………178
プルーデンス政策……………203,205
プレーンバニラスワップ……………136
ブレトン・ウッズ体制…………………9
ブローカー……………………………34
プロジェクトファイナンス……………53
プロシクリカリティー………………212
プロテクティブ・プット……………134

ペイオフ……………………………208
ベーシスリスク……………………127
ベースマネー………………………141
ヘルシュタットリスク…………………27
変則性………………………………103
変動相場制度…………………………75

邦貨建て為替レート…………………75
法定貨幣（法貨）……………………11
ポートフォリオ・リバランス効果……196
ポートフォリオ理論…………………155
ホームバイアス………………………94
補完貸付制度…………………188,196
補完当座預金制度…………………188
本源的証券……………………………33
本源的預金…………………………149
本質的(内在的)価値………………133

（ま 行）

マーケットリスク……………………202
マーシャルのk………………………157
マイナス金利付き量的・質的金融緩和……198
マクロプルーデンス政策……………213
窓口規制……………………………188
マネーサプライ統計…………………139
マネーストック統計…………………140
マネーフロー表………………………44
マネーマーケット……………………65
マネタリーベース……………………141
満期変換………………………………42

ミスマッチ…………………………202

無額面株……………………………100
無償増資……………………………101
無担保コールレート翌日物金利……114

名目主義………………………………9
メインバンク…………………………58
メニューコスト……………………168

モーゲージ証券………………………62
持ち越し費用………………………127
モニター………………………………43
モラルハザード………………………57

（や 行）

有限責任制……………………………99
有償増資……………………………101
優先株…………………………………99
ユーロ市場……………………………72
ユニバーサルバンク…………………52
輸入インフレ………………………166

要求払い預金………………………140
ヨーロピアン・オプション…………130
預金…………………………………140
預金金利規制………………………205
預金者保護……………………203,204
預金準備率……………………148,150
預金通貨……………………………140
預金払戻し…………………………208
預金保険制度…………………207,208
預金保険料…………………………209
預貸率………………………………178
欲求の二重の一致……………………5
予備的動機…………………………159

（ら 行）

ランダム・ウォーク………………39,82

利益配当請求権………………………99
リカードの等価定理…………………194
リスクエクスポージャー…………27,49
リスクプレミアム……………………197
リスクヘッジ（保険）………………121
利付金融債……………………………96
利付国債（利付国庫債券）…………91
利付債………………………………110
利回り…………………………107,110

利回り曲線	115
流通市場	34
流動性	7
――の罠	162,163
流動性効果	169
流動性選好	160
流動性選好説	160
流動性プレミアム	119
流動性プレミアム仮説	119
流動性リスク	202
量的緩和政策	196
量的・質的金融緩和	197
劣後株	99
レバレッジ効果	128
レポ市場	72
連続複利	110
ロンドン銀行間取引金利	113
ロンバート貸付制度	196

(わ 行)

ワラント債	98
割引金融債	96
割引国債	91
割引債	110
割引配当モデル	102
ワルラス法則	156

欧文索引

ABCP	62
ABS	62
Absolute PPP	81
Adverse Selection	57
Asset Backed CP	62
asset transformation	41
Asset Backed Securities	62
backed money	10
Bank Run	203
bank-based financial system	51
broker	34
carrying cost	127
cash settlement	123
CB	97
CBO	62
CDO	63
CDS	38
CIP	83
clearing	19
CLO	62
CMBS	62
Collateralized Bond Obligation	62
Collateralized Debt Obligation	63
Collateralized Loan Obligation	62
Commercial Mortgage Backed Securities	62
common stock	99
contingent claim	121,128
coupon bond	110
covered interest parity	83
CP	71
Credit Rationing	57
currency substitution	12
currency swap	135
DDM	102
dealer	34
debit card	13
delegated monitor	58
Delegated Monitoring	207
Deposit Insurance	207,208
direct finance	32
discount bond	110
dividend discount model	102
dollarization	12
double coincidence of wants	5
Efficient Market Hypothesis	39
EMH	39
equity	99
Expectations Hypothesis	116
FB	70
Financing Bills	70
fiat money	11

Financial Intermediation Ratio	47	money stock	140
FIR	47	Moral Hazard	57
Foreign Exchange Rate	75	Mortgage Backed Securities	62
forward	123		
forward rate	78	OTC	35
fractional reserve system	148	over the counter	35
futures	123	outside money	9
general acceptability	4	payment	19
Gordon の公式	102	PBR	106
		PER	105
indirect finance	41	PPP	81
Inflationary Tax	170	Preferred Habitat Hypothesis	120
Initial Public Offering	34	Price Book Value Ratio	106
inside money	8	Price Earning Ratio	105
interest rate parity	82	primary market	34
interest rate swap	135	primary security	33
intrinsic value	131, 133	PTS	100
IPO	34, 101	Purchasing Power Parity	81
JPX	100	QQE	197
		quality spread differential	136
legal tender	11	quote	76
Lender of Last Resort	207		
LIBOR	113	random walk	39, 82
limited liability	99	rating	36
liquidity	7	Real Estate Investment Trust	63
liquidity preference	160	Real Time Gross Settlement	27
liquidity premium	119	REIT	63
Liquidity Premium Hypothesis	119	Relative PPP	81
liquidity trap	162	Return on Equity	106
LLR	207	risk exposure	27
London Inter Bank Offered Rate	113	ROE	106
		RTGS	28
M1	140	RTGS	27
M2	140		
M3	140	SB	94
Market Segmentation Hypothesis	119	secondary market	34
market-based financial system	51	settlement	19
mark-to-market	123	share	99
MBS	62	short selling	126
means of exchange	4	spot rate	78
menu cost	168	SPV	61
monetary aggregate	140	stock	99
monetization	171	stock repurchase	101
money illusion	174	stock split	101
money multiplier	150	store of value	6

superneutrality of money	169	TTB	76
		TTS	76
TB	71		
TBTF	209	UIP	85
Term Structure of Interest Rate	115	uncovered interest parity	85
TIBOR	113	underwriter	33
time value	133	unit of accunt	6
Tokyo Inter Bank Offered Rate	113		
Too Big to Fail	209	WB	98
TOPIX	103		
Treasury Bills	71	yield	110

〈著者紹介〉

山中　尚（やまなか・たかし）

1960年　東京都生まれ。
1983年　一橋大学経済学部卒業。一橋大学大学院経済学研究科博士課程単位修得。
　　　　一橋大学経済学部助手を経て，現在，専修大学経済学部教授。
　専攻：金融論，企業金融論

《主要業績》
「為替レートの浸透効果」『一橋論叢』，1990年。
「政策金融と財政投融資：資金供給機能に関する研究の現状」『経済分析』第140号，
　経済企画庁経済研究所，1995年。
『現代経済学（第2版）』（共著）（多賀出版），1998年。
『最初の経済学（第3版）』（共著）（同文舘出版），2011年。

2012年4月18日　初版発行
2014年3月18日　初版2刷発行
2018年2月15日　第2版発行　　　　　　（検印省略）
2024年5月25日　第2版2刷発行　　　　　略称：ベーシック金融(2)

ベーシック　金　融　論（第2版）

著　者　©　山　中　　　尚
発行者　　　中　島　豊　彦

発行所　同 文 舘 出 版 株 式 会 社
　　　東京都千代田区神田神保町1-41　〒101-0051
　　　電話　営業(03)3294-1801　編集(03)3294-1803
　　　振替　00100-8-42935　https://www.dobunkan.co.jp

Printed in Japan 2018　　　　　印刷・製本：三美印刷

ISBN978-4-495-44062-6

JCOPY 〈出版者著作権管理機構委託出版物〉
本書の無断複製は著作権法上での例外を除き禁じられています。複製される
場合は，そのつど事前に，出版者著作権管理機構（電話 03-5244-5088,
FAX 03-5244-5089, e-mail: info@jcopy.or.jp）の許諾を得てください。